# 8 Lk 2 1215

Amsterdam
1766

## Toustain-Richebourg, Charles Gaspard de

*Essai sur l'histoire de Normandie, depuis l'établissement du premier duc Rollon ou Robert Ier, jusqu'à la bataille d'Hasting*

*Double*

L k² /215

*en garderait ainsi des notes manuscr.?*

# ESSAI
## SUR
# L'HISTOIRE
## DE NORMANDIE.

Le Supplément
nécessaire au
matin se trouve
à la fin de
l'Album.

# ESSAI
## SUR
# L'HISTOIRE
## DE NORMANDIE,

Depuis l'établissement du premier Duc ROLLON ou ROBERT I, jusqu'à la Bataille d'Hasting inclusivement.

Précédé d'un Discours préliminaire sur les exploits des anciens Normands avant ROLLON.

*Par un Page du Roi.*

Descends du haut des Cieux, auguste vérité,
Répands sur mes Ecrits ta force & ta clarté.
  *Henriade. Chant I.*

A AMSTERDAM,
Chez MARKUS & ARKSTÉE,
Libraires.

M. DCC. LXVI.

sur la page 10 de la preuve d'éditeur.

+ ces mots de Kertin circonstances très-fâcheuses n'expriment aucune faute, ni l'ombre d'une mauvaise affaire.

———

voyez le supplément aux errata dans les dernières pages du volume de l'Alarme

# TABLE
## DES CHAPITRES.

Ch. I. Guerres & Expéditions militaires de Robert I. jusqu'à sa mort. Les Bretons sont forcés de lui rendre hommage. Page 1

Ch. II. Gouvernement intérieur. Loix, police, justice en Normandie. Moyens dont le Duc se sert pour repeupler ses Etats. Etablissement des Fiefs, &c. 4

Ch. III. Courte digression sur les Historiens Normands. Robert I. enrichit l'Eglise. Sa mort. Son éloge. 8

Ch. IV. Guerres de Guillaume I. jusqu'à son mariage avec la fille du Comte de Senlis. 12

Ch. V. Révolte du Comte de Cotentin. Nouvelle guerre avec la Bretagne. Echecs de quelques Normands dispersés dans plusieurs Cantons de la Bretagne, &c. 14

Ch. VI. Guillaume longue-épée remet par ses négociations Louis IV, dit d'Outremer, sur le trône de ses peres. Suite de ses guerres jusqu'à sa mort, &c. 17

Ch. VII. Fondations sous le Duc Guillaume I. 22

# TABLE

Ch. VIII. Richard sans-peur reçoit les hommages des Normands & des Bretons. Entreprise du Roi de France pour le déposséder. Comment il échape à ce danger. Bataille près de la Dive, &c. 25

Ch. IX. Alliance de Richard avec le Comte de Paris. Guerre contre une puissante ligue. Mort du Roi de France & de Hugues le blanc. 34

Ch. X. Fin de toutes les guerres de Richard sans peur, &c. 38

Ch. XI. Fondations du Duc Richard sans-peur. Ses vertus, ses enfans, sa mort. 44

Ch. XII. Guerre civile. Brouilleries avec l'Angleterre. Défaite des Anglois. 47

Ch. XIII. Malheurs de l'Angleterre. Guerre de Richard II contre son beau-frere le Comte de Chartres. Secours des peuples du Nord. 51

Ch. XIV. Alliances du Roi de France avec Richard le bon. Secours donnés aux Comtes de Melun & de Flandre. 54

Ch. XV. Dernières guerres du Duc Richard II. 56

Ch. XVI. Fondations de Richard II. Ses enfans. Sa mort. 59

Ch. XVII. Rebellion du Comte d'Hiemes contre son frere Richard III. Mort de ce Duc. 61

Ch. XVIII. Démêlés de Robert II avec l'Archevêque de Rouen son oncle, puis avec l'Evêque de Bayeux. 63

Ch. XIX. *Robert II rétablit le Comte de Flandre, puis fait couronner Henri I.* 64
Ch. XX. *Le Duc force les Bretons à lui rendre l'hommage. Guerre malheureuse contre le Comte de Ponthieu.* 67
Ch. XXI. *Desseins de Robert II sur l'Angleterre, &c.* 70
Ch. XXII. *Amours du Duc Robert II. Son fils. Son pélerinage. Sa mort. Son caractére.* 72
Ch. XXIII. *Famines & incendies du tems du Duc Robert II.* 75
Ch. XXIV. *Fondations de Robert II. Etat de l'Eglise de Normandie sous la domination de ses Ducs, au dixiéme siécle & au commencement du onziéme.* 76
Ch. XXV. *Conquêtes des Normands en Italie. Délivrance de Salerne par des Gentilshommes Normands.* 80
Ch. XXVI. *Arrivée d'Osmont en Italie. Exploits des Normands sous la conduite de Mésus. Mort de Turstin Ciftel.* 84
Ch. XXVII. *Continuation des exploits des Normands jusqu'à la fondation d'Averse.* 88
Ch. XXVIII. *Arrivée des fils de Tancréde. Alliance des Normands avec les Grecs. Bataille de Syracuse.* 89
Ch. XXIX. *Rupture de l'Alliance des Normands & du Catapan. Victoires & Conquêtes de ces derniers sur les Grecs jusques vers 1040.* 92

## TABLE

Ch. XXX. *Nouvelle victoire. Mauvais succès occasionnés par la mésintelligence qui survient entre les Normands & leurs Alliés. Mort de Maniacès.* 97

Ch. XXXI. *Etablissement des Normands dans la Pouille. Mort de Fier-à-bras. Arrivée de Robert Guiscard.* 100

Ch. XXXII. *Puissance des Normands en Italie. Conspiration des Apuliens. Bataille contre les Grecs. Autre victoire sur le Pape qui est pris.* 103

Ch. XXXIII. *Conquête de la Calabre & de tout le Duché de Capouë. Eloge de la famille de Tancréde.* 108

Ch. XXXIV. *Funestes effets de l'ambition de Robert Guiscard. Hommage rendu par les Normands au Pape Nicolas II. Conquête de la Sicile. Trait singulier d'un Général Normand qui lui fait remporter la victoire, &c.* 115

Ch. XXXV. *Guerre des Normands contre les Salernitains, puis contre le Pape, puis contre les Grecs. Victoire mémorable sur ces derniers dans l'Isle de Corfou.* 118

Ch. XXXVI. *Délivrance & mort du Pape Grégoire VII. Exploits de Bohemont, fils de Guiscard. Mort de celui-ci. Discours succint sur la Sicile.* 122

Ch. XXXVII. *Introduction au règne de Guillaume II.* 125

Ch. XXXVIII. *Mort du Duc de Bretagne. Faction de Toni. Guerre avec la*

### DES CHAPITRES.  5

France. Bonne conduite de Gacé qui force le Roi Henri à faire sa paix. 127

Ch. XXXIX. *Défaite & mort de Toni. Entreprises du Comte d'Arques échouées. Soûlevement de Guy de Bourgogne. Alliance de Guillaume avec le Roi de France qui l'aide à battre les Rebelles.* 131

Ch. XL. *Guerre avec le Comte d'Anjou. Conduite singulière du Roi de France. Exploits de Néel de Saint-Sauveur-le-Vicomte. Traité de paix entre le Comte d'Anjou & le Duc de Normandie.* 138

Ch. XLI. *Mariage du Duc de Normandie. Guerre avec la France. Victoire des Normands à Mortemer.* 142

Ch. XLII. *Paix générale. Mort & Testament du Comte du Maine. Conjuration du Comte d'Eu découverte. Punition des coupables.* 146

Ch. XLIII. *Expédition de Guillaume dans le Maine. Ligue redoutable des Comtes d'Anjou, de Meulan, &c. Bataille de Varville suivie de la paix.* 149

Ch. XLIV. *Abdication, retraite, & mort de Géoffroy Martel. Régence du Comte de Flandre après la mort du Roi Henri. Guerre avec les Gascons. Guillaume II se rend l'Arbitre des Bretons.* 154

Ch. XLV. *Idée du gouvernement intérieur de la Normandie sous Guillaume II. Loi aussi sage que singulière sur les duels, &c.* 156

# TABLE

**Ch. XLVI.** *Guerre avec les Bretons au sujet de l'hommage. Soupçons jettés sur Guillaume à l'occasion de l'empoisonnement du Duc de Bretagne, &c.* 160

**Ch. XLVII.** *Révolution occasionnée en Angleterre par l'extinction de la vie de Canut. Mort funeste d'Alfred.* 164

**Ch. XLVIII.** *Elévation d'Edouard au trône d'Angleterre. Mort du Comte de Kent. Malheur arrivé à son fils Harald qui est délivré par le Duc de Normandie.* 168

**Ch. XLIX.** *Procédés de Guillaume envers Harald. Conduite de celui-ci à son retour en Angleterre. Victoire qu'il remporte sur les Gallois.* 172

**Ch. L.** *Testament d'Edouard. Sa mort. Couronnement de Harald. Dépit du Duc de Normandie.* 175

**Ch. LI.** *Exil de Toston, frere du Roi Harald. Ses vengeances. Son Alliance avec un Roi de Norvége. Leurs descentes & ravages en Angleterre. Leur défaite & leur mort.* 178

**Ch. LII.** *Sécurité de l'Angleterre. Embarras du Duc de Normandie. Empressement de ses sujets à le servir. Secours qu'il reçoit de ses voisins. Force de son armée.* 183

**Ch. LIII.** *Départ de la flotte. Descente en Angleterre. Seigneurs principaux de l'armée.* 168

Ch. LIV. *Manifeste du Normand. Singuliére proposition faite à Harald par un Ambassadeur encore plus plus singulier. Préparation au combat.* 190

Ch. LV. *Célebre Bataille d'Hasting. Ses suites.* 192

Fin de la Table des Chapitres.

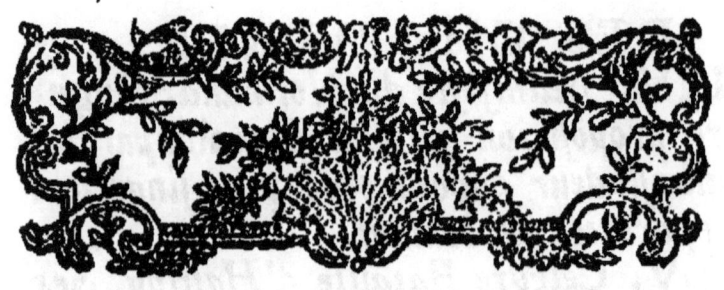

# PRÉFACE
## DE L'ÉDITEUR.

L'AUTEUR de ce Livre est un Gentilhomme, mon intime ami, que certaines circonstances très-fâcheuses pour lui ont fait languir dans le fond d'un misérable village* pendant deux années entiéres. Là, c'étoit tantôt l'attention aux travaux champêtres, tantôt l'étude de la philosophie & de l'Histoire qui occupoient ses plus doux loisirs.

---

* Sa situation étoit d'autant plus triste, qu'il venoit de quitter une compagnie de cinquante camarades de son âge, ainsi que l'Epitre dédicatoire le fera aisément remarquer.

# PRÉFACE

Quoiqu'il ne fût pas né en Normandie, le long séjour qu'il avoit fait en cette Province l'avoit, pour ainsi dire, rendu Normand, dans le cœur. Un goût si décidé pour ce pays, lui fit entreprendre la lecture de la plûpart des Historiens qui en ont parlé. Il tira des extraits des meilleurs Auteurs, & me fit l'amitié de me les montrer.

Je lui conseillai aussi-tôt de faire quelque chose sur ces morceaux détachés, lui insinuant que ce Recueil pourroit être utile à d'autres qu'à lui seul. Il suivit mon conseil, & composa en moins de deux mois, un *canevas* d'Histoire qui me parut passable. Pressé par moi de le mettre au jour, il m'assura qu'il y penseroit, mais qu'il vouloit auparavant rédiger ses Mémoires & en changer le style qu'il trouvoit trop familier, ( & cela n'étoit pas étonnant, vû l'extrême diligence avec laquelle il avoit dressé son *canevas*.)

Des affaires subites & imprévues ont empêché mon ami d'exécuter son projet.

## DE L'ÉDITEUR.

Malgré mes vives instances, il n'a jamais voulu m'accorder ses Mémoires en entier. Il les avoit condamnés au feu, & je n'ai pû sauver du tout que cette petite partie, qui lui a paru la moins indigne d'être offerte au public.

Dans les papiers que l'Auteur s'est déterminé, avec tant de peine, à céder à mes priéres, j'ai trouvé un Avertissement qui m'a semblé fait pour être à la tête de l'Ouvrage. On voit par cet Avertissement, que son plan étoit de ne donner qu'un court essai sur l'Histoire de Normandie, attendu qu'une Société savante a promis une Histoire générale très-détaillée.

En effet, M. T\*\*\*, ( je me suis bien engagé de ne le désigner que par la lettre initiale de son nom ) m'avoit souvent dit qu'il se proposoit de donner à son Livre le titre d'*Essai sur l'Histoire de Normandie, depuis l'établissement de Rollon premier Duc, jusqu'à la mort du Roi Philippe-Auguste.*

Cet Ouvrage devoit être divisé en

deux Parties ; la première renfermant une suite d'événemens depuis l'an 912 jusques vers 1070, la seconde depuis 1070 jusqu'en 1223. Il devoit être aussi précédé d'un Discours préliminaire sur les faits des premiers Normands, & suivi d'un Abregé chronologique très-succint depuis 1223 jusqu'à nos jours. Je donne ici le *canevas* du Discours que je suis venu à bout d'arracher à la voracité des flammes. A l'égard de l'Abregé chronologique, il n'étoit pas encore commencé, non plus qu'une petite dissertation sur les mœurs & la religion des anciens Normands, que l'Auteur s'étoit proposé de mettre à la fin de son Livre.

M. T*** justement étonné de ce qu'un vieux respect pour les Anciens engageoit presque tous nos Ecrivains à ne prendre que des Epigraphes grecques ou latines, n'a pas hésité de choisir dans les Poésies du Grand homme, qui depuis neuf lustres fait l'ame & l'ornement de la Littérature Françoise, deux

## DE L'ÉDITEUR.

vers qui font très-aplicables à un sujet qui traite de l'Histoire.

En effet, quelle régle dans l'Histoire est au-dessus de la vérité ? On verra dans le cours de cet Ouvrage avec quel soin l'Auteur s'est conformé à ce grand principe, la baze de tous les bons Livres en ce genre. La plus grande preuve qu'on puisse donner de sa sincérité, est cette défiance qu'il marque avoir de lui-même lorsqu'il décrit des faits obscurs ou incertains.

Je presente ici l'Ouvrage tel que je l'ai tiré des mains de l'Auteur, sans y faire aucun changement. J'y ai seulement ajouté quatre ou cinq notes pour l'éclaircissement de quelques passages.

En publiant cette production de mon ami, je croirois manquer à ce que je lu dois, si je n'implorois l'indulgence du Lecteur au sujet de quelques négligences dans la diction, & de l'Ordonnance * bizarre du dessein.

---

* Par éxemple, ces Chapitres aussi courts que

## PRÉFACE.

Je rapellerai à cet effet la précipitation avec laquelle l'Auteur a composé ces Mémoires, l'intention qu'il avoit de les rédiger mieux & de les corriger, la répugnance qu'il a montrée d'abord à laisser paroître cette Partie qui ne fait pas la moitié de l'Ouvrage qu'il projettoit de donner sous le titre d'*Essai*, *&c.* Enfin je representerai qu'il y auroit un peu de dureté à vouloir décourager un jeune militaire, dont l'âge ne passe guére dix-huit ans. *

*P. S.* Des raisons indispensables m'ont fait retarder de plus d'une année l'impression de cet Ouvrage, & je reçois dans le moment de mon ami une Epître dédicatoire, destinée pour une Princesse qui est supliée de recevoir cet hommage, rendu plutôt à ses connoissances & à ses rares mérites, qu'à son rang illustre.

---

multipliés, dont le grand nombre semble entrecouper souvent mal-à-propos le fil de la narration. Mais ce n'étoit qu'un canevas.

* *Je crois qu'il en avoit à peine dix sept quand il me confia cet Ouvrage.*

A

SON ALTESSE

*MADAME*

LA COMTESSE

*DE BRIONNE.*

**M**ADAME,

*Elevé sous vos ordres, pénétré de vos bontés, admirateur de* vos belles qualités ; qu'il me soit permis de vous offrir humblement ce foible coup d'Essai, comme un témoignage public de mon estime sincére, de ma juste re- connoissance, & du très- profond respect avec lequel je suis,

MADAME,

DE VOTRE ALTESSE;

Le très-humble & très-
obéissant Serviteur,
C. G. T***.

# AVERTISSEMENT.

ON a beaucoup écrit jusqu'ici sur l'Histoire de Normandie, mais de tous les Auteurs anciens & modernes qui ont traité ce sujet aussi intéressant que curieux, j'ai été affligé de n'en trouver aucun qui ait donné pleine satisfaction à ses lecteurs. Les uns rebutés par la difficulté des recherches, n'ont donné que des espéces d'Abregés, dans lesquels, à l'aridité du style, se joignent souvent des omissions très-graves. Les autres, par un excès contraire, ont entassé volume sur volume qu'ils ont surchargés de faits minutieux, incertains, indifférens. Ils n'ont pas craint de ramas-

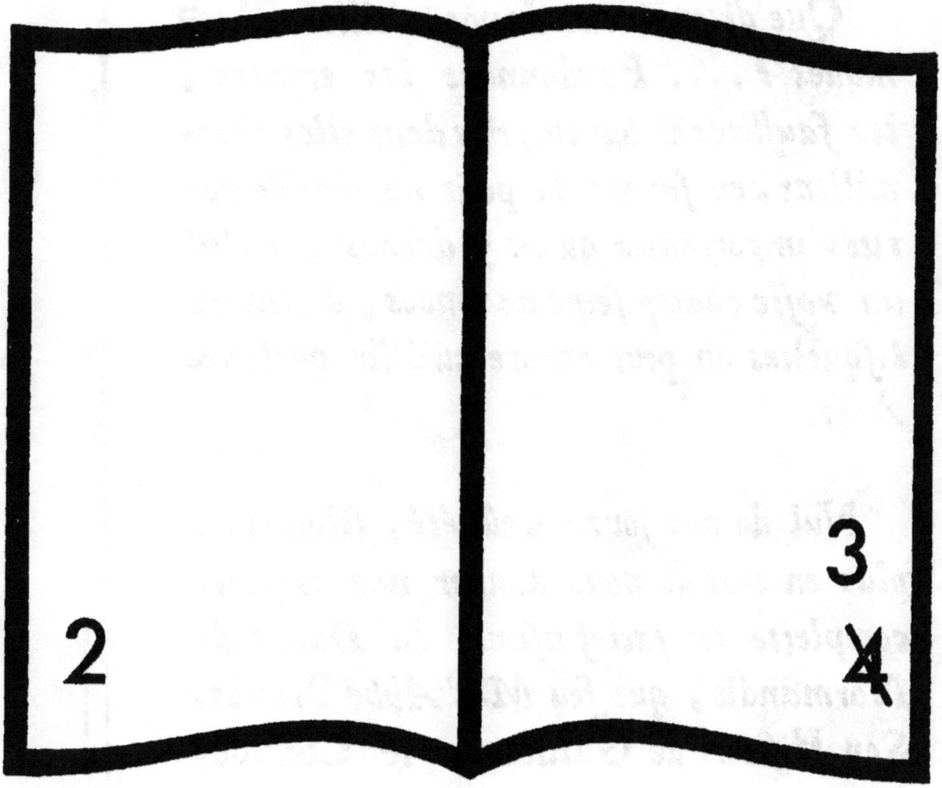
2
3
4

# AVERTISSEMENT.

ser toutes ces fables ineptes, qui obscurcissent tant la vérité dans les commencemens de l'Histoire Normande. *

Que dirons-nous de nos vieilles Chroniques ?.... Pardonnons les erreurs, les faussetés & les inepties dont elles fourmillent, en faveur du petit nombre de vérités importantes qu'on y découvre ; c'est un vaste champ semé de ronces, à travers lesquelles on peut encore cueillir quelques roses.

Nul de nos jours n'eût été, selon moi, plus en état de nous donner une Histoire complette & satisfaisante du Duché de Normandie, que feu M. l'Abbé Prevôt. Son Histoire de Guillaume le Conqué-

---

* Comme on a toujours dit l'Histoire Romaine, l'Histoire Ancienne, j'ai crû pouvoir me donner la liberté de dire l'Histoire Normande au lieu de Normandie, nonobstant le sentiment de ceux qui préfèrent le génitif singulier du substantif.

# AVERTISSEMENT.

tant, & l'excellente *Préface* dont elle est précédée, font regretter vivement qu'il se soit borné à ce seul *Duc*. Heureux cependant si le feu de son imagination trop vive n'eût jamais brillé aux dépens de la vérité.

Espérons que la Société éclairée & patriotique * qui, depuis tant d'années, s'est consacrée au travail le plus vaste & le plus détaillé qu'on ait encore vu dans ce genre, fera ce que l'Abbé Prevôt & tant d'autres Savans n'ont pas voulu prendre la peine de faire, en répondant dans la partie historique comme dans le reste à ce qu'on doit attendre de son zèle, de ses lumières, & de son jugement.

Dans l'attente de cet utile Ouvrage,

---

* Les Bénédictins de la Congrégation de Saint Maur, ont répandu dans la Province il y a quelques années un Mémoire relatif à l'Histoire Générale de Normandie. Il faut voir ce Prospectus pour connoître toute l'immensité de l'Ouvrage qu'ils entreprennent.

qui n'est peut-être pas éloigné de voir le jour, je n'ai ni voulu, ni osé m'engager dans * un labyrinthe de recherches ingrates, difficiles & rebutantes qu'il m'auroit fallu faire pour parler avec clarté, avec exactitude & avec vérité des ravages & des courses des anciens Normands. Je m'en remets sur cette matière épineuse, à la savante Société.

Ainsi tout ce qui sera antérieur au régne du premier Duc Raoul, ne sera traité qu'avec la plus grande concision dans le Discours préliminaire.

Tout ce qui concernera le régne de Raoul & de ses successeurs, aura certainement plus d'étendue, mais, malgré cela, je ne promets de raporter que les faits qui me sem-

---

* Malgré cette annonce modeste, je me flatte que le Lecteur s'apercevra du soin & du travail employé dans le Discours préliminaire. *Note de l'Éditeur.*

# AVERTISSEMENT.

bleront les plus dignes d'être transmis à la postérité.

Qu'on fasse attention que cet Ouvrage n'est proprement qu'un Essai, ( & c'est sous ce titre que je le donne ) où l'on doit éviter également & la prolixité ennuyeuse des petits détails, & l'omission impardonnable des actions considérables ; qu'on fasse dis-je cette attention, l'on ne sera point surpris de la legéreté avec laquelle j'ai passé sur certains faits.

Malgré ce qu'on doit aux rejettons des anciens Héros de Normandie, & à la curiosité du lecteur, je ne surchargerai pas un Essai, de ces listes sans fin, qui comprennent les noms de la plûpart des anciens Chevaliers Normands. Sur ce point je renverrai les intéressés & les curieux aux Catalogues d'André Duchêne, de Gabriel Dumoulin, & à ceux

---

* Il est bon d'avertir le Lecteur que ces listes

## AVERTISSEMENT.

que l'on trouve à la fin de l'Histoire de Guillaume le Conquérant, par l'éloquent Abbé Prevôt. Mon Livre contiendra des faits plus que des noms.

Ce n'est pas que je m'impose la loi ridicule de ne jamais nommer les Auteurs des révolutions & des principales actions de cette Histoire. Tant s'en faut. Tout lecteur sensé verra au contraire que j'ai pris le plus grand soin de lui faire connoître ceux qui ont le plus mérité d'être connus.

Les grands crimes qui, au malheur & à la honte du genre-humain, ne sont pas la plus petite partie de l'Histoire, seront raportées ainsi que les noms de leurs principaux Auteurs. On peut apliquer ici ces mots de M. de Voltaire au sujet de son Poëme immortel de la Henriade.

---

se répétent quelquefois. Par exemple *Dumoulin* a souvent copié les listes de *Duchêne*.

# AVERTISSEMENT.

» *Ceux qui trouveront ici les mauvaises*
» *actions de leurs ancêtres, n'ont qu'à*
» *les réparer par leur vertu. Ceux dont*
» *les ayeux y sont nommés avec éloge, ne*
» *doivent aucune reconnoissance à l'Auteur qui n'a eu en vue que la vérité ;*
» *& le seul usage qu'ils doivent faire de*
» *ses louanges, c'est d'en mériter de pareilles. On n'a voulu ni flatter ni médire, mais instruire.*

Si je n'ai pas indiqué aux marges de mon Livre les sources où j'ai puisé, c'est que cet usage nécessaire dans des Histoires incertaines & peu connues, m'a paru fort inutile à un Ecrivain qui ne raporte guéres que les événemens les plus notoires & les plus avérés. Il n'est pas cependant que sur certains faits obscurs ou suspects je ne cite exactement mes autorités. Je ferai plus, j'indiquerai * à la fin de mon Ou-

---

* Je n'ai point trouvé cette indication, mais je sçais que l'Auteur n'a rien négligé pour l'éxac-

## AVERTISSEMENT.

vrage les principaux guides qui m'ont conduit dans la route scabreuse de l'Histoire.

---

titude de son Ouvrage, & a puisé dans les meilleures sources. *Editeur.*

DISCOURS

# DISCOURS
## *PRÉLIMINAIRE.*

„ LES ravages épouvantables
„ que faisoient les premiers
„ Normands (dit un Géogra-
phe (*a*) moderne) & la
„ frayeur que causoit leur seul nom,
„ étoient tels, que huit siécles révolus
„ n'en ont pu effacer le ressentiment
„ dans l'esprit du peuple, &c." Oui,
dans l'esprit du bas peuple, toujours
ignorant, toujours grossier, toujours
stupide ; & cela est si vrai, que j'ai
connu quantité de gens qui n'osoient
s'avouer Normands, à certaines person-

---

(*a*) Voyez la Géographie dédiée à Made-
moiselle Crozat, édit. 1751.

nes, dans des Provinces éloignées. Un homme raisonnable ne fait acception d'aucun pays. Il sçait que Normands, Bretons, Bourguignons, Picards, &c. obéissent au même Prince, aux mêmes Loix, & sont également parties du grand-tout, qui est l'Etat.

D'où vient donc cette espéce de reproche amer, qui va presque jusqu'à l'aversion, dont le petit peuple des autres Provinces accable toujours les Normands ? D'où vient que, sans réfléchir que les Etats qui ont le plus brillé doivent le commencement de leur grandeur au brigandage & à la rapine, l'on conserve un ressentiment si invétéré des excès commis par les premiers Normands ? Un homme qui voudroit de nos jours s'ériger en *Romulus*, ne seroit-il pas regardé comme un *Mandrin* ? Et sans fouiller dans la haute antiquité, le barbare *Clovis* étoit-il plus grand homme ou plus estimable que le barbare *Rollon* ? Assurément si l'on pesoit leurs actions au poids de la justice & de l'impartiali-

# PRÉLIMINAIRE.

té, les vertus & l'équité dont *Rollon* rachetoit la barbarie, qu'il tenoit plutôt de son siécle que de son caractére, oposées à la férocité naturelle & aux cruautés inouies de *Clovis*, ne laisseroient pas pancher la balance vers ce dernier.

J'en reviens donc à ma question, & je dis qu'il est tout aussi aisé de la résoudre que de la proposer.

Parmi le grand nombre de bonnes raisons qu'on pourroit alléguer & pour consoler les Normands, & pour justifier, s'il est possible, le ressentiment du petit peuple des autres Provinces, en voici deux qui m'ont paru frapantes & sans repliques. La premiére, c'est que les Normands sont les derniers venus, & que leurs ravages étant plus récens, sont par conséquent plus imprimés dans l'esprit du peuple. La seconde, c'est que les premiéres histoires qui les concernoient, ont été composées par des Moines, & que de tels historiens sçurent bien se venger par la plume des mauvais traitemens qu'on leur avoit fait essuyer par le fer & par le feu. Auffi que d'erreurs, que de fables, que de calomnies atroces contre les Normands, portées dans prefque toutes les plus anciennes chroniques! On n'épargna rien pour les rendre odieux.

En voilà affez de dit, ce me femble, pour montrer la fource de ce reffentiment qu'on garde contre le nom Normand.

Je vais effayer maintenant de prefenter à mes lecteurs un tableau raccourci des exploits & des forfaits des premiers Normands, jufqu'au Duc *Rollon*.

Ce nom de Normand, *homme du Nord*, fut donné aux peuples de la Scandinavie & aux habitans des bords de la Mer Baltique, par les Allemands qui les apelloient tous ainfi fans diftinction, comme nous difons encore en général les *Corfaires de Barbarie*. Dès le quatriéme fiécle, ces Peuples fe mêlérent aux flots des autres Barbares, qui portérent la défolation jufqu'à Rome & en Afrique. Ils ne commencé-

# PRÉLIMINAIRE.

rent bien leurs courses en France que vers l'an 800, sous *Charlemagne* (*b*) ; mais la fortune constante de ce Prince ne se démentit pas dans cette occasion. Les Normands, loin de faire alors aucun progrès en France, furent forcés de retourner précipitamment chez eux. L'ambition de *Charlemagne*, & l'exemple des Saxons les firent même trembler pour leur liberté.

Ainsi ce ne fut que sous le régne foible & déplorable de *Louis le Débonnaire* qu'ils eurent des succès bien décidés.

Dès l'an 820 ou environ, treize de leurs plus gros vaisseaux ayant tenté inutilement de faire une descente en

800.

820.

---

(*b*) *Les Danois étoient si puissans dès le tems de* Charlemagne, *que ce Prince ne put jamais parvenir à dompter les Saxons, tant que le Danemarck leur fournit des secours. Le Roi Gothric leur envoya une fois* 300 *vaisseaux, qui empêchèrent le jeune Pépin, fils de Charlemagne, de rien entreprendre de considérable. Krantz assure que l'Empereur ne ressentit jamais de joie plus vive que celle que lui causa la mort de Gothric, parce qu'il désespéroit d'exécuter ses desseins, tant qu'il auroit en tête un si redoutable adversaire.*

Flandre, puis à l'embouchûre de la Seine, allérent piller les Isles d'Oléron & de Rhé sur les côtes du Poitou.

En peu de tems toutes le côtes occidentales de France furent insultées par ces barbares, & ils ne s'en tinrent pas là.

On vit bien-tôt, pour la premiére fois, le pavillon Danois arboré sur les mers d'Espagne. Ils entrérent dans le Guadalquivir. Séville succomba sous les efforts de ces sauvages, qui la gardérent un an. D'autres flottes pendant ce tems infestoient les parages de France, côtoyant les terres & faisant des descentes dans les endroits où elles ne trouvoient pas de résistance. Les forêts, dont leurs pays étoient hérissés, leurs fournissoient assez de bois pour construire leurs barques à deux voiles & à rames. Environ cent hommes tenoient dans chacun de ces bâtimens, avec leurs provisions de bouche.

Les François lassés de leurs incursions continuelles, les renvoyérent avec de l'argent. C'étoit leur donner le moyen de recommencer la guerre avec plus d'acharnement. Aussi cinq ou six ans après, vers 835, ils revinrent plus furieux & plus nombreux que jamais. Doreſtadt ſur l'Elbe, Anvers ſur l'Eſcaut, & la riche Foire de Wikland, à l'embouchûre de la Meuſe, furent pillées & ruinées; les garniſons de l'Empereur *Louis le Débonnaire* ou *le Foible*, les ayant empêché de pénétrer plus loin de ce côté, ils ſe jetterent ſur les côtes de Neuſtrie, vers l'embouchûre de la Seine; mais ils furent encore arrêtés par les troupes Françoiſes, qui s'y trouvérent heureuſement pour le ſalut du Royaume.

835.

Après tant d'expéditions, ils laiſſérent un peu reſpirer la France, & ſe retirérent chez eux pour reprendre haleine eux-mêmes, & pour partager le butin, ſelon les loix du brigandage, ainſi qu'il ſe pratique encore en Barbarie. Mais le calme dont jouit la France fut de bien courte durée. De nouveaux eſſaims de Normands revinrent & ſe ré-

840.

pandirent dans tout le Royaume. Périgueux, Xaintes, Limoges, Angoulême, Toulouse, Angers, Orléans, & plusieurs autres Villes, éprouvèrent les funestes effets de leur barbarie. L'histoire de ces tems malheureux, est la preuve la plus certaine du mauvais Gouvernement qui étoit alors en France. Je ne finirois pas, si je voulois entrer dans tout le détail de leurs expéditions.

En voici une seulement qui mérite une attention particuliére, & qui sera traitée un peu moins succinctement que les autres. C'est celle du fameux *Hastenc*, que quelques-uns ont prétendu être un renégat de Champagne, fils d'un pauvre paysan.

Ce Chef barbare descendit en France avec six mille hommes d'élite, précisément dans le tems que la sanglante bataille de Fontenoy venoit d'enlever la meilleure partie de la noblesse & des troupes Françoises. Il ne falloit pas moins que le désordre, la division &

PRÉLIMINAIRE. ix

l'épuisement de la Monarchie Françoise pour laisser si beau jeu à ces Pirates. Il n'y eut presque pas dans les pays qu'ils traversérent, une seule Ville, une seule Bourgade, un seul Monastére qui ne fût ou rançonné, ou pillé, ou brûlé. Jumiéges, la plus riche des Abbayes d'hommes qu'ils visitérent, fut la plus maltraitée. La chronique, mise au jour par *Nagerel*, raporte qu'il y avoit dans ce Monastére, lors de l'arrivée de *Hastenc*, 900 moines & 1500 serviteurs (c). Ce premier nombre, fût-il éxagéré de moitié, prouve toujours l'abus intolérable de ces tems grossiers. Un Royaume qui se minoit à entretenir des moines, quand il manquoit de soldats, étoit incapable d'une vigoureuse défense. *Hastenc* sçut bien en profiter.

Après avoir dévasté la plus grande

---

(c) *Sans doute que les Chroniqueurs ont compris sous ce nom de serviteurs, tous les serfs & gens de main-morte dépendans de l'Abbaye. Dans ce tems il y avoit en France telle Abbaye, qui avoit jusqu'à six mille esclaves.*

partie du pays que nous nommons aujourd'hui Normandie, sans en excepter la ville de Rouen, il alla faire essuyer le même traitement à la ville & au territoire de Nantes, (d) à l'Anjou, au Poitou. Il traversa comme un foudre l'Aquitaine, l'Auvergne, la Touraine & l'Orléanois. Son armée, au lieu de diminuer, grossissoit de jour en jour par la multitude de vagabonds & de scélérats qui s'y joignoient. *Hastenc* fut bien secondé dans toutes ces expéditions par *Bier*, surnommé *Côte de Fer*, que nos anciens Mémoires disent fils d'un Roi de Danemarck, qu'ils nomment *Lotrocus*.

Après avoir ainsi ravagé la France, l'insatiable *Hastenc* se rembarque, & méne en Italie sa troupe victorieuse & chargée de butin. Malgré le grand

---

(d) *D'autres Normands que ceux d'Hastenc, avoient été un peu avant lui en Bretagne, où ils avoient commencé par remporter des avantages brillans & considérables; mais à la fin ils avoient été chassés par le brave Neoméne, qui les avoit battus à leur tour à différentes reprises.*

# PRÉLIMINAIRE.

nombre d'hommes qu'il avoit perdus dans ses incursions, il lui en restoit encore presqu'autant qu'il en avoit lorsqu'il étoit sorti de Danemarck, c'est-à-dire, cinq à six mille en état de combattre. On a vu tout à l'heure pourquoi la diminution de ses forces n'étoit pas plus sensible.

La Flotte Normande arrive bien-tôt en Lombardie : la descente se fait sans résistance, & une partie de cette belle contrée de l'Italie éprouve le même sort que les Provinces de France. Je ne parle pas ici du stratagême odieux & perfide que des Ecrivains du douziéme & treiziéme siécles ont prêté à *Hastenc*, pour s'emparer de la ville de Luna (e), qu'ils

---

(e) *Le Poëte Lucain, qui mourut l'an 65 de notre ère, nous aprend dans sa Pharsale, (lib. 1. v. 586.) que la ville de Luna étoit déja en ruine & déserte de son tems. Ce qui peut avoir donné lieu à l'histoire romanesque de Luna; c'est un stratagême semblable dont Robert Guiscard se servit deux cens ans après pour s'emparer de Nalsita en Italie. Voyez Malaterra. Je ne rendrai pas compte ici de ces particularités peu intéressantes & peu relatives à mon sujet,*

nous peignent très-florissante, quoiqu'elle n'éxistât plus depuis long-tems. C'est une de ces fables monastiques, qui doivent rentrer dans les ténébres d'où elles sont sorties.

843. Les succès des premiers Normands en entraînérent bien-tôt d'autres. Plusieurs Provinces de France furent derechef inondées de ces Barbares ; entr'autres la Gascogne, où après avoir manqué une entreprise sur Bordeaux, ils

Vers 843. ruinérent Bazas, Agde, Lectoure, Dacqs, Tarbe de Bigorre, Labour, Oléron & Lescar. Ils battirent deux fois le Duc *Totilus*, qui eut enfin sa revanche, & les chassa entiérement de son pays.

844. En 844, la mer fut couverte de leurs vaisseaux. Ils descendirent presqu'en même tems en Angleterre, en France & en Espagne. Les Mahométans qui possédoient alors la plus grande partie de ce dernier Royaume, ne furent pas à l'abri de leurs insultes ; mais ils sçurent faire tête partout & les repoussérent

PRÉLIMINAIRE. xiij

enfin; au lieu qu'en Angleterre & en France il n'y eut aucune mesure prise pour les arrêter, preuve de la supériorité du Gouvernement des Arabes.

Tant d'irruptions ont de quoi surprendre; mais l'étonnement cessera, quand on considérera, que les émigrations étoient favorisées & même quelquefois forcées chez ces peuples barbares, dont les terres incultes ne pouvoient nourrir la nombreuse population. De plus, les habitans des Côtes Germaniques & Gauloises se joignoient souvent à eux, ainsi que tant de Renégats de Provence & de Sicile ont servi sur les vaisseaux d'Alger.

En 845 ils pillérent Hambourg, & pénétrérent jusqu'au cœur de l'Allemagne. Ce n'étoit plus un vil ramas de corsaires ou de brigands, c'étoit une armée formidable & disciplinée, commandée par un Roi de Danemarck, (*f*) & portée sur une flotte de six cens voiles. 845 & suiv.

---

(*f*) *Il se nommoit* Erce *ou* Horic.

Ce Prince remporta deux grandes victoires avant de se rembarquer. Retourné chez lui avec les dépouilles Allemandes, il envoya en France un des plus fameux Chefs des Pirates, nommé *Regnier*. (g) Ce Capitaine remonte la Seine avec cent vingt voiles. Dix mille soldats portés par cette flotte, pillent Rouen une seconde fois, * & sont bien-tôt aux murs de Paris. Les Parisiens effrayés, ne firent rien paroître alors de cette valeur avec laquelle ils défendirent si bien leur Ville dans d'autres tems ; ils commirent la derniére lâcheté en abandonnant, sans faire la moindre défense, leurs Fauxbourgs & la plus grande partie de leur Ville, pour se retirer dans un petit coin de la Cité. (h) Les Pirates

* Attention à la note g.

―――――――――――――――――――

(g) *Les anciens Mémoires sont si remplis de confusion, d'obscurité, d'anachronismes, & même de contradictions les uns envers les autres, qu'on n'oseroit trop assurer que l'expédition de Regnier & celle d'Hastenc ne fussent pas la même, quoiqu'on les raporte ici séparément. Cette note est très-nécessaire pour marquer l'intérêt de la vérité, & par conséquent de l'histoire.*

(h) *Un Docteur Allemand accableroit ici le*

# PRÉLIMINAIRE. xv

ne trouvérent, dans la partie qu'ils prirent, que des Maisons de bois qu'ils brûlérent. L'infortuné *Charles le Chauve*, retranché à Saint Denis avec quelques Troupes, au lieu de combattre ces barbares, acheta de quatorze mille marcs d'argent la paix qu'ils daignérent lui vendre. On voit par ce qui est dit plus haut, que ce n'étoit pas la premiére fois que les François avoient mis en œuvre cette mauvaise politique de payer la retraite des Pirates, en leur donnant par-là de nouveaux moyens pour faire la Guerre, & s'ôtant celui de la soutenir. * \* Voy.

Les Parisiens, pour se consoler, pu- pag. 6.

---

*Lecteur de citations sçavantes pour prouver que la Ville de Paris ne fut jamais prise entiérement; pour moi, je me contenterai d'assurer, avec vérité, que nos meilleurs Ecrivains sont tous de ce sentiment, à la réserve de M. de Voltaire, qui, au Chap. 16 de son Histoire générale, donne à entendre, je ne sçais sur quelle autorité, que tout Paris fut réduit, mais ce qui seroit une erreur grossiére dans une Histoire particuliére de Province, comme celle-ci, ne doit être regardé que comme une legere inadvertance dans le vaste plan qu'a embrassé ce célébre Auteur, & que d'ailleurs il a si bien rempli.*

bliérent des miracles opérés par leurs Saints contre leurs ennemis. Ces miracles (i) furent bien-tôt accrédités par les Moines & les Ecclésiastiques, qui n'avoient pas à se louer du traitement qu'ils avoient reçu des Normands. Ceux-ci qui ne connoissoient pas les miracles, ne publiérent que leurs succés, dont leur butin & l'argent qu'ils avoient reçu du *Chauve*, étoient des gages non équivoques.

854. Durant les exploits du Capitaine *Regnier*, d'autres bandes de la même Nation se jettérent sur la Frise, sur la Hollande, & commirent dans ces deux Provinces leurs excés ordinaires. Quelques-uns mêmes entrérent dans l'Escaut,

---

(i) *Voici à ce propos les propres termes d'un Ecrivain de nos jours, que la Philosophie, l'Histoire, le Théâtre & la Poésie de tout genre se disputent, & dont je ne relevois tout à l'heure une faute legére, que de peur qu'elle ne s'accréditât sous la plume d'un homme qui en a commis si peu.* « Ni les peuples ni leurs saints » ne se défendirent ; mais les vaincus se don- » nent toujours la honteuse consolation de supo- » ser des miracles opérés contre leurs vainqueurs. Essai sur l'Hist. Gén. Tom. I. Chap. 16. Edit. de 1757.

PRÉLIMINAIRE. xvij

& allérent brûler l'Abbaye de Saint Bertin.

On vit bien-tôt ceux qui avoient vendu leur retraite au Roi de France, se servir de cet argent pour aller assiéger Bordeaux, qui fut pris & pillé.

*Pepin*, Roi d'Aquitaine, ne pouvant leur résister, s'unit à eux, & alors la France vers l'an 860, ne fut plus qu'un horrible théâtre d'incendie, de carnage, & de brigandage. *Hastenc* * & son Collégue *Bier*, *Côte-de-Fer*, revenus d'Italie, livrérent dans l'Anjou une sanglante Bataille contre *Robert-le-Fort*, Comte d'Anjou, & *Ranulfe*, Duc d'Aquitaine, la victoire fut long-tems balancée ; mais la mort des deux Capitaines François la fixa du côté des Normands. Ces barbares fortifiés de tout ce qui se joignoit à eux, desolérent long-tems l'Angleterre, (k) l'Allemagne,

859.

* Attention à la note g.

866.

867. & suiv.

___

(k) Vers 870 les Normands apellés en Angleterre par le Comte Bruen-Brucard, s'emparérent des Provinces les plus septentrionales de ce Royaume, qui étoit alors divisé & déchiré

la Flandre. Leurs succès n'étoient cependant pas tellement continus, qu'ils ne se démentissent de tems en tems. Ils mêlérent plus d'une fois des Cyprès à leurs Lauriers, principalement en Bretagne où ils trouvérent des Ennemis dignes de les combattre, & dont ils reçurent plus d'un échec. Mais semblable à l'Hydre de Lerne, ( si cette comparaison est permise dans un sujet grave ) ils reparoissoient toujours avec de nouvelles forces.

 *Carloman* délivra la France pour un

---

par les partis Bretons & Anglois-Saxons. Alfred le Grand, qui fut d'abord vaincu par eux, sçut ensuite les contenir, & les battit plus d'une fois à platte-couture vers 874 ; mais ni lui ni ses successeurs ne purent venir à bout de les chasser entiérement jusqu'au régne d'Edouard le Confesseur, c'est-à-dire, jusqu'au milieu de l'onziéme siécle. Ainsi depuis l'expulsion totale des Danois jusqu'au tems où l'on peut dire qu'ils reconquirent l'Angleterre sous le nom de Normands de France, il ne s'écoula qu'un espace d'environ vingt ans. Il n'est pas hors de propos de remarquer ici qu'on fit d'abord en Angleterre la même faute qu'en France, en payant chèrement à ces barbares des paix jamais durables & toujours honteuses.

tems de ce fléau terrible en leur donnant douze mille marcs d'argent. Cette Paix plâtrée ne fut pas de plus longue durée que les autres. Aussi-tôt après la mort de ce Prince, les Normands interprétant selon leur génie & leurs intérêts, que le Traité finissoit avec sa vie, recommencèrent leurs ravages, & forcèrent enfin *Charles le Gros* à leur céder une partie de la Hollande.

884.

Bien-tôt après, *Frotho*, Roi de Danemarck, pénétre de la Hollande en Flandres. Ses troupes passent de la Somme à l'Oise sans résistance. Chemin faisant, *Hugues*, Abbé de Saint Denis, qui, à la mode des Ecclésiastiques puissans de ce tems-là, s'étoit mis à la tête d'une Armée, bat plusieurs de leurs détachemens. Nonobstant ces disgraces, ils arrivent devant Pontoise, dont le Gouverneur *Altran* fut trop heureux d'obtenir une Capitulation honorable, après avoir soutenu courageusement plusieurs assauts. Cette Ville fut presqu'aussi-tôt incendiée que rendue. Ils ne bornérent pas-là leurs entreprises. *Sigefroy*, leur Général, outre l'apas du butin qui l'entraînoit, avoit à venger la perfidie dont *Charles le Gros* avoit usé envers ses Compatriotes, qui, ayant été attirés à une Conférence dant une Isle du Rhin, furent indignement massacrés avec leur Chef *Godefroy*.

La Seine fut couverte de sept cens Barques armées, & d'un grand nombre de petits Bâtimens dans l'espace de deux lieues de long. On fut consterné dans Paris de revoir ces Barbares dont les premiers dégâts n'étoient pas encore réparés. Une foule de Noblesse Françoise arrivèrent promptement dans les remparts de cette Capitale. Les Habitans, piqués d'une noble émulation, résolurent d'effacer par une vigoureuse défense la honte dont leur première conduite les avoit couverts.

Le fameux *Eudes* ou *Odon*, que nous allons bien-tôt voir Roi de France, mit le plus grand ordre dans la Ville, & prit toutes les précautions nécessaires pour une bonne résistance. Les barbares pressèrent le Siége avec fureur, mais non sans art. On remarque qu'ils se servirent du Bélier pour battre les Murailles, & de *Mangonneaux*, espéce d'angins à lancer des pierres, fort nuisible aux Assiégés. Ils firent bréche & donnérent trois grands assauts que les Parisiens rendirent inutiles par leur intrépidité. Ceux-ci avoient à leur tête, non-seulement le Comte *Eudes*, mais encore leur Evéque *Gozlin*, qui chaque jour, après avoir donné la bénédiction au Peuple, couroit sur la bréche, armé de pied en cap, & ayant planté la Croix sur le rempart, se mêloit aux Combattans. Il paroît que ce Prélat étoit pour le moins aussi puissant dans la Ville que le Comte *Eudes*; puisque ce fut à lui que *Sigefroy* s'étoit d'abord adressé pour obtenir son entrée dans Paris. Ce digne Evêque mourut de ses fatigues au milieu du Siége, laissant une mémoire respectable & chére. Un peu avant cette mort, les Normands mirent le feu à la Tour du Petit-Châte-

886.

let, & la détruisirent entiérement.

*Henry*, Duc de Saxe, essaya deux fois de délivrer Paris. La premiére, il força le Camp des Danois, & vint à bout de faire entrer du secours dans cette Capitale ; mais la seconde, il fut tué dans une embuscade que les Barbares lui tendirent, & son Armée battue & destituée de Chef, se retira en Allemagne.

Pendant ce Siége, des détachemens de l'Armée Normande ou Danoise, alloient faire de terribles courses en Bourgogne & en Champagne. Plusieurs belles Villes de ces deux Provinces payérent chérement leur venue.

Les châtimens fréquens & miraculeux que les Moines debitoient avoir été envoyés par le Ciel contre les Barbares, n'aportoient aucun soulagement. Les Normands, qu'une résistance de deux ans ne rebutoit point, paroissoient plus acharnés & plus opiniâtres que jamais. La famine, la contagion, toutes les horreurs enfin, sources inévitables d'un long Siége, se firent sentir dans Paris. Les Al-

887.

siégés inébranlables, ne succombérent point sous le poids accablant de tant de miséres. Enfin, l'Empereur *Charles le Gros*, parut à leur secours avec de grandes forces, & se campa à Montmartre. On s'attendoit à une action qui alloit peut-être décider du sort de la France; mais soit par crainte, soit par le mécontentement qui se mit entre lui & les Seigneurs François, *Charles* aima mieux employer l'or que le fer. Quelques Auteurs ont même avancé, qu'outre les grandes sommes d'argent dont il acheta la retraite des Normands, il leur abandonna la Neustrie maritime. Quoiqu'il en soit, toujours est-il constant qu'ils y séjournérent quelque tems.

888.

*Charles le Gros*, détrôné presqu'immédiatement après le départ des Normands, ne survécut que peu de tems à son malheur. (1)

---

(1) *Par ce recit on voit que je place la mort de* Charles le Gros *assez avant dans l'année* 888, *quoique je sçache moi-même que bien des Historiens la mettent au* 13 *Janvier de la même*

Les Troupes de *Sigefroy*, immédiatement après la levée du Siége de Paris, tombérent en forces sur la Champagne & la Bourgogne. Ces deux Provinces n'avoient eu que de legéres prémices du fort qui les attendoit, lorsqu'elles avoient reçu la visite de quelques détachemens qui les avoient fait contribuer pendant le Siége de Paris. A cette seconde fois, n'y ayant ni Armée ni Place assez forte pour arrêter l'Armée Normande, dont les restes montoient encore à plus de trente mille hommes ; il n'y eut guéres d'endroits considérables qui ne fussent pillés, brûlés ou rançonnés. L'Evêque de Sens, *Evran*, s'acquit une réputation immortelle par la maniére distinguée dont il défendit sa Ville pendant six mois entiers, à l'éxemple du courageux

888.

---

année. Mais je sçai aussi que rien n'est moins certain que cette date du 13 Janvier, & que les défectuosités de nos anciennes Chroniques empêchent de rien statuer de positif sur la Chronologie des premiers siécles de notre Histoire.

courageux *Gozlin*. Mais à la fin, voyant qu'il ne lui venoit aucun secours, il lui fallut prendre le même parti que les autres, c'est-à-dire, acheter la retraite des Normands, afin de souftraire fa Ville au pillage ou à l'incendie.

Peu de tems après cette expédition, *Sigefroy*, profitant du mauvais état & des troubles de la France, remene fon Armée fous les murs de Paris, pour effayer de s'emparer de cette Ville par rufe. Les François s'étant doutés de fon deffein, prennent au dépourvu ceux qui comptoient les furprendre, & les repouffent vigoureufement; après quoi on fit un Traité avec eux, portant qu'ils n'approcheroient pas de Paris de trois journées.

Renforcés bien-tôt par de nouveaux effains de Pirates, ils violent le Traité & reviennent fur leurs pas. *Eudes*, que fa valeur venoit d'élever fur le Trône de France, fignala les commencemens de fon régne par les avantages redoublés

889.

890.

qu'il remporta sur eux. Le plus brillant fut la Bataille de Montfaucon, où l'on dit qu'il en tua dix-neuf mille, nombre probablement éxagéré de beaucoup, puisque malgré cette Victoire & les précédentes, il fut forcé de leur accorder des conditions assez avantageuses. Les Normands, battus de ce côté, allérent tenter fortune en Bretagne. *Alain* & *Judicall*, qui se disputoient la Souveraineté de ce Pays, oubliérent alors leurs querelles particuliéres pour s'accorder contre l'ennemi commun. Le bouillant *Judicall* eut la témérité de les aller combattre seul, sans attendre son compagnon. Il perdit la bataille & la vie. *Alain*, qui par la mort de ce Compétiteur resta paisible Souverain de Bretagne, assemble toutes les forces du Pays & remporte une victoire si complette, qu'elle le délivra tout-à-fait des Normands. On ne sçait pas bien si *Sigefroy* se trouva en personne à cette défaite des siens ; mais ce qu'il y a de certain, c'est

891.

que ce *Danois* avec un autre chef nommé *Godefroy*, alla, peu après, embarquer une nouvelle levée faite en Danemarck. Il n'eſt ni vrai, ni vraiſemblable que cette levée fût de cent mille hommes, comme le répéte *Mézeray* d'après des Auteurs très-peu authentiques. Quoiqu'il en ſoit du nombre, ces Pyrates entrent dans la Meuze & mettent à terre la plus grande partie de leur monde. *Arnould*, bâtard de *Carloman*, fils de *Louis II.* dit le *Bégue*, tenoit alors les rênes de l'Empire. Ses Lieutenans ayant été battus avec perte d'une infinité de Nobleſſe, il alla en perſonne venger cette défaite. Le ſuccès répondit à ſes deſirs, & la victoire qu'il remporta ſur les bords de la Meuſe fut ſi complette, que quelques Hiſtoriens ont écrit, qu'il n'échapa aucun des vaincus. Ceux qui étoient reſtés dans les bateaux, firent encore quelques dégâts aux environs de la Meuſe avant de retourner chez eux.

Le nom de *Raoul*, *Rol* ou *Rollon*, commençoit alors à faire grand bruit. Ce Guerrier étoit fils d'un Seigneur puissant du Nord. Le Roi de Danemarck éxigeant de *Rollon* une sujétion que celui-ci prétendoit ne lui point de-

869. voir, l'attaqua, le vainquit & le contraignit d'abandonner ses Etats. *Rollon* réfugié dans un coin de la Scandinavie, y rassembla tous ceux qui voulurent s'attacher à son sort, & courut avec eux tenter fortune. Ses premiers pas furent dirigés vers l'Angleterre, où il trouva

875. ses Compatriotes établis. Mais après deux victoires aussi inutiles qu'éclatantes, il se rembarqua & fit voile pour la France. Quelques-uns prétendent qu'il se trouva au siége de Paris, & à presque toutes les principales expéditions des Normands depuis 876. Ceux qui ont écrit qu'il ne vint en France que sur la foi d'une vision Divine, ont bien l'air de rêveurs ou de visionnaires.

Vers 900. Après avoir parcouru, avec une rapidité incroyable, la Bretagne, l'Anjou, la Touraine, l'Auvergne, la Bourgogne, le Pays-Chartrain, le Perche & le Bessin, non sans laisser dans ces contrées des marques funestes de son passage, sur-tout dans le Bessin où il enleva *Poppe* ou *Poppée*, fille du Comte *Bérenger*, l'infatigable *Rollon*, comme un torrent furieux qu'aucune digue n'est capable d'arrêter, vint se presenter aux portes de Rouen, faisant les plus terribles menaces aux Habitans de cette Ville, si on ne lui ouvroit les portes. Les Rouennois (*m*) intimidés, lui députérent *Francon*, leur Archevêque, qui lui presenta les clefs de la Ville. *Rollon* montra dans cette occasion une conduite toute oposée à celle qu'avoient tenue les Chefs Normands ses prédéces-

910.

---

(*m*) *Quelques Historiens raportent que Rouen ne se rendit qu'après une longue résistance ; mais le plus grand nombre, & les plus accrédités s'accordent à dire que les Normands y entrèrent sans coup férir.*

seurs, faisant observer à ses soldats la discipline la plus sévére. Mais pour ne pas garder auprés de lui trop de Troupes oisives, il envoya des détachemens nombreux ravager l'Artois, la Picardie, la Champagne & la Lorraine. Pendant son séjour à Rouen, l'Archevêque *Francon* essaya de lui faire embrasser le Christianisme. On verra incessamment comment il y réussit.

911. Les François, lassés des assauts continuels qu'ils recevoient des Normands, forcérent leur Roi *Charles le Simple*, à demander la Paix. *Rollon* écouta volontiers les propositions.

Cet homme joignoit à une justice rigide, à un courage inébranlable, à une politique consommée, une modération étonnante dans un Conquérant, & sur-tout dans un Conquérant Normand. On avoit vu, il y avoit peu d'années un trait singulier & remarquable de cette modération. Le Duc de Frise

905 & le Comte de Haynaut, voulant s'o-

poser aux Conquêtes rapides qu'il faisoit dans leurs Etats, vinrent avec des forces très-considérables lui livrer Bataille. *Rollon* tailla leur Armée en piéces, & fit prisonnier le Comte de Haynaut. L'Epouse de ce Comte, qu'une telle disgrace plongea dans la plus vive affliction, renvoya aussi-tôt à *Rollon* plusieurs Officiers Normands qui avoient été pris dans le Combat, avec tout ce qu'elle pût fournir d'argent pour la rançon de son Mari. *Rollon*, par une générosité dont il y a peu d'éxemples, lui renvoya son Epoux & la moitié de son argent.

Ce grand Capitaine ne travailloit pas seulement pour lui. Vers 911 il affermit sur son Trône un des Rois qui partageoient l'Heptarchie d'Angleterre. De retour à Rouen dont il avoit fait relever les murailles, & qui étoit devenue sa Place d'Armes, il se prêta encore mieux que jamais aux propositions de Paix que *Charles le Simple*, forcé par ses Sujets, comme je viens de le dire, il n'y a qu'un

912.

911.

instant, lui faisoit faire continuellement.

*Rollon* donna la loi en Vainqueur, & dicta lui-même les articles du Traité, par lequel on lui céda en propriété, à charge de foi & hommage à la Couronne de France, les Pays contenus entre la mer & les riviéres de Brêle, d'Epte, d'Aure, de Sarte (*n*) & de Coinon ; avec la Suzeraineté de la Bretagne, qui fut toujours un levain de discorde entre les Bretons & les Normands.

922. *Charles le Simple* lui donna de plus sa fille *Gisèle* en mariage, mais on éxigea qu'il se fît Chrétien. *Rollon* embrassa sans peine une Religion qui affermissoit sa puissance. Il reçut le Baptême des mains de l'Archevêque *Francon*, & son

---

(*n*) *Tout le pays que nous apellons Normandie, du nom de ses usurpateurs, lui fut donné, à l'exception de Bayeux & de ses environs, qui n'obéirent que plusieurs années après aux Ducs ses successeurs.*

parrain *Robert*, Comte de Paris, lui donna à cette cérémonie son nom ; c'est pourquoi je le nommerai désormais indifféremment *Rollon* ou *Robert*. (o)

C'est ainsi que les Normands, après avoir ravagé la France l'espace d'un siécle, réussirent enfin à se faire un établissement stable. Il y avoit à la vérité encore plusieurs de ces Barbares répandus dans le Royaume, particuliérement en Bretagne, en Anjou, dans le Maine & dans les Isles de la Loire. Insen-

912.

---

(o) *On remarqua dans l'entrevue qu'eut Rollon avec Charles, pour jurer la paix & rendre l'hommage, que le premier ne voulut jamais s'agenouiller devant le Roi, comme il s'observoit en pareille occasion, & ne se détermina même qu'avec peine à mettre ses mains dans celles du Roi pour prêter le serment de fidélité. Il refusa absolument de baiser le pied. Un de ses Officiers chargé de le faire en son nom, haussa si brutalement le pied du Roi, que Charles fût tombé par terre, s'il n'eût été soutenu à tems. L'action de Rollon est un de ces traits de hauteur, qui ne messient pas à un Conquérant & à un Vainqueur, mais celle de son Officier ne marque qu'une insolence outrée & digne d'un barbare.*

siblement ils prirent des Terres à habiter & se naturalisérent François ; mais ce ne fut pas sans avoir fait encore bien du mal, & long-tems après, l'éxemple de l'établissement des premiers attira d'autres bandes de Danemarck & de Suéde qui n'étoient pas moins furieuses, mais non pas si redoutées que les premiéres.

# ESSAI
## SUR L'HISTOIRE
## DE
# NORMANDIE.

ROLLON ou ROBERT I.
Premier Duc.

## CHAPITRE PREMIER.

*Guerres & expéditions Militaires de Robert I. jusqu'à sa mort. Les Bretons sont forcés de lui rendre hommage.*

ROBERT se voyoit au comble de la gloire. Seul il avoit sçu démembrer la Monarchie françoise que ses prédécesseurs n'avoient sçu que ruiner. Seul de ses compatriotes

A

il avoit cessé de mériter le nom de Barbare par la modestie dont il avoit donné de fréquens exemples dans ses plus brillans exploits, par la discipline sévère qu'il introduisit le premier dans ses Troupes, & par les réglemens sages qu'il fit dès le commencement de son installation au Duché de Normandie. Il se préparoit à se reposer à l'ombre de tant de lauriers, & à terminer en paix sa glorieuse carriére ; mais ce projet fut presqu'aussi-tôt renversé que formé. Les Bretons indignés qu'un Vassal de la Couronne, voulût éxiger d'eux un hommage qu'ils n'avoient accordé qu'avec peine aux Rois mêmes, le refusérent net, lorsqu'il les fit sommer de satisfaire à cette clause du Traité fait avec *Charles le Simple*.

912.

*Robert*, irrité qu'on ose braver sa puissance, vole en Bretagne avec une Armée formidable, dans la ferme résolution de se faire rendre par force ce qu'il ne pouvoit avoir de bonne volonté. Le Duc *Alain*, surnommé *Rébré* ou *le*

913.

Grand, étoit mort depuis quelques années, & n'avoit laissé que des Enfans au berceau. Ceux qui les gouvernoient, plutôt que de souffrir qu'ils dérogeassent à leur Souveraineté, les firent sortir du Pays avec une partie de la principale Noblesse. *Bérenger*, Comte de Rennes, & *Alain*, Comte de Dol, prirent alors les rênes de l'Etat & rassemblérent des Troupes avec lesquelles ils firent face au Duc de Normandie. Mais *Robert* ruina leurs forces en détail, leur prit plusieurs Places de conséquence, & les contraignit enfin de ployer le genou devant lui & de lui donner les mains. (1)

Ainsi finit cette Guerre, qui fut heureusement la seule que le Duc eut à soutenir pendant son Gouvernement. Vainqueur de ses Ennemis, il revint jouir chez lui des adorations & des respects de ses Sujets.

---

(1) *Le Lecteur doit s'apercevoir aisément que ce sont les formalités & cérémonies de l'hommage.*

## CHAPITRE II.

*Gouvernement intérieur. Loix, police, justice en Normandie. Moyens dont le Duc se sert pour repeupler ses Etats. Etablissement des Fiefs, &c.*

Peu de Princes ont mieux goûté que *Rollon* le double avantage d'être redouté au-dehors, & d'être respecté & chéri chez soi. Il ne fut pas seulement un grand Guerrier, un grand Politique, un grand Prince; il fut encore un grand Légillateur. Ses Loix subsistent encore aujourd'hui presque toutes dans le Pays où il les institua. Il est bien difficile de se former une idée parfaite de la sagesse de son administration. Les Neustriens, dont le sang se mêla bien-tôt à celui de leurs Maîtres, furent toujours traités par ceux-ci avec une douceur inconnue dans ces tems barbares. Des Edits précis & bien entendus, achevérent d'assurer le bonheur des deux Peuples qui n'en formérent bien-tôt plus qu'un.

Nos Historiens modernes disent, que ce fut vers 914. qu'il établit cette Cour de Justice si connue sous le nom d'*Echiquier*. (2) Il créa aussi un grand Sénéchal pour corriger les Sentences des Tribunaux subalternes, & juger toutes les Causes provisoires, en attendant la séance de l'Echiquier qui se tenoit en tel tems & tel lieu qu'il plaisoit au Prince. Ceux des Laïcs qui composoient cette assemblée étoient tous tirés du corps de la (3) Noblesse Militaire, à l'instar des anciens Parlemens de France. On voyoit régulièrement à certains tems de l'année une troupe de Guerriers blanchis sous le harnois, qui s'empressoient de venir échanger, pour un tems, le casque de *Mars* contre le bandeau de *Thémis*. Rien

_____

(2) *Je n'ai pu rien découvrir touchant l'institution de cet Echiquier dans nos anciens Mémoires, c'est-à-dire, dans ceux d'entre le dixiéme & le quinziéme siécles.*

(3) *Les Normands reconnurent d'abord pour Nobles tous ceux qui eurent des emplois supérieurs dans les Armées, & ceux auxquels on donna des fiefs.*

ne prouve mieux, ce me semble, que ces deux professions (quoiqu'il soit plus avantageux de les séparer) ne sont pas incompatibles. (4)

Enfin, jamais Prince ne fut plus renommé que *Rollon* pour l'éxactitude & la sévérité avec laquelle la police & la justice furent administrées sous son régne. L'on a écrit que pour mettre à l'épreuve la fidélité du peuple, il laissoit souvent des anneaux d'or & autres choses de prix, exposés sur les grands Chemins. Cette Histoire qu'on a faite aussi sur *Alfred le Grand*, 'd'Angleterre', ne sert qu'à confirmer ce que j'ai avancé sur la réputation d'équité que *Rollon* s'est acquise. De lui est venu cet usage de la Clameur de Haro si connu en Normandie. Enfin, il extirpa entiérement

---

(4) *Les premiers Parlemens de France, tous composés de Noblesse guerrière seulement, s'acquirent tant de réputation sous la seconde race de nos Rois, que les Etrangers mêmes remettoient souvent à leurs décisions leurs affaires les plus délicates.* Voy. Dict. de Ferrière.

le vol chez ses Danois qui jusques-là n'avoient vécu que de rapines.

Le Duc ne borna pas-là ses soins. S'apercevant que les derniéres Guerres, & les ravages de ses Compatriotes avoient extrêmement dépeuplé le Pays qu'il gouvernoit, il fit crier à son de trompe dans toutes les Villes & tous les Ports de la Province, que tous ceux qui voudroient venir s'habituer dans ses Etats, originaires, étrangers, fugitifs, éxilés, seroient bien reçus. Cet expédient fut efficace. Une foule de criminels, d'expatriés & de vagabonds, vint augmenter le nombre des artisans dans les Villes, & des laboureurs dans les Campagnes.

*Rollon* distribua des domaines & des terres à ses Capitaines, comme ceux-ci subdiviférent leur portion à leurs Officiers inférieurs, & ces derniers à leurs Soldats. Ainsi l'ordre des fiefs, qui dans les autres Provinces ne se forma que par la corruption du Gouvernement primitif, fut établi en Normandie dès le commencement du régne des Normands. Auſſi chez eux cette diviſion étant faite, avec régle & par raiſon d'état, les choſes furent tempérées avec une égale attention pour maintenir l'autorité du Souverain dans l'étendue qu'elle devoit avoir, & pour empêcher l'opreſſion des peuples.

## CHAPITRE III.

*Courte digreſſion ſur les Hiſtoriens Normands.* ROBERT I. *enrichit l'Egliſe. Sa Mort. Son Éloge.*

CE ſeroit abuſer de la preſſe que de remettre au jour tous les contes ridicules & les faux miracles dont nos Chroniques ont défiguré l'Hiſtoire de Rollon. Ces abſurdités groſſiéres dont les anciens Mémoires fourmillent, ont donné lieu à cette ironie de *Mézeray*, » que tous les grands établiſſemens ont » pour fondement des oracles ou des » révélations. »

On est indigné en lisant *du Moulin*, que cet Auteur ait fait un si mauvais usage des matériaux dont il paroît avoir été si bien fourni, en surchargeant son *in-folio* de tant de sottises & de fables. Quoique la Philosophie fût encore ensévelie de son tems sous les épaisses ténèbres de l'erreur, de l'ignorance & de la superstition, il me semble que la seule raison auroit dû lui suffire pour rejetter cet amas grossier de mensonges. Mais il est tems de finir cette digression. Revenons à notre sujet.

*Robert I.* menoit en paix une vie tissue de succès & de gloire ; & ce qui est infiniment supérieur, il goûtoit ce plaisir si sensible aux grandes ames de faire le bonheur & l'amour de son peuple. Les Prêtres & les Moines, grace à l'ignorance-crasse de ce tems-là, sçurent lui persuader que pour mériter la Couronne du Christianisme, il ne suffisoit pas d'avoir donné la paix à ses Sujets & à ses Voisins, de travailler sans relâche à la félicité de ses peuples, de récompenser la vertu & de sévir contre le crime, de secourir l'orphelin oprimé, de consoler la veuve éplorée, de dédommager un sujet ruiné par quelque accident; ils l'engagérent à doter richement les Eglises & les Monastéres.

*Rollon* crut qu'il lui manquoit une vertu pour être parfait; il satisfit pleinement les demandes des Ecclésiastiques. Peu de tems après, il termina paisiblement (5) son illustre carriére. La conduite de ce Prince, depuis son établissement en Normandie jusqu'à sa mort, fait son plus grand éloge. Ses talens & ses succès politiques & militaires, ses libéralités qui, quoique grandes, n'allérent jamais jusqu'à la profusion, son extrême vigilance dans toutes les parties de l'administration; toutes ses belles qualités, enfin, le mettent au rang des grands Hommes & des vrais Héros. S'il eût quelque chose de trop dur dans ses

917.

---

(5) Du Tillet *dit, qu'il fut tué dans un combat, mais il est le seul qui le dise.*

mœurs, on ne doit attribuer cette rudesse qu'à la barbarie de son siécle. (6) Du reste cette dureté n'étoit que dans le particulier ; car son Gouvernement fut le plus doux de tous les Gouvernemens contemporains de l'Europe.

*Robert I.* eut de *Poppe* de Bessin, un fils nommé *Guillaume*, lequel lui succéda, quelqu'équivoque que fût sa naissance, & une fille nommée *Gerlote*, qui fut mariée à un Comte de Poitou. La Duchesse *Gisèle* ou *Gillon* de France étoit morte sans avoir laissé de postérité.

---

(6) *Ce dixieme siécle a été justement apellé le* Siécle de Fer.

# GUILLAUME Iᵉʳ. DU NOM,
Surnommé LONGUE-ÉPÉE,

*Deuxiéme Duc de Normandie.*

## CHAPITRE IV.

*Guerres de Guillaume I. jusqu'à son Mariage avec la fille du Comte de Senlis.*

917.

GUILLAUME I. succéda aux vertus comme au Trône de son Pere. Le commencement de son régne fut troublé par les Bretons, qui lui refuférent l'hommage comme ils avoient fait à son prédécesseur.

Ces Peuples qui avoient été resserrés par *Rollon*, dont ils penférent subir le joug, espérérent que la mort de ce Prince, & la jeunesse inexpérimentée de *Guillaume*, aporteroient un heureux changement à leurs affaires. Ils se trompérent terriblement dans leur calcul, le

Duc de Normandie fut à peine informé du refus de l'hommage, qu'il leur déclara la guerre & entra chez eux à main armée. Les Seigneurs Bretons assemblèrent des forces pour lui tenir tête. Il se passa dans cette Campagne plusieurs actions sanglantes, dans lesquelles les Normands eurent toujours une supériorité marquée. Une partie de la Bretagne fut ravagée. Ses fiers Habitans ne perdirent point courage. Profitans d'un moment de relâche que le Normand avoit donné à ses Troupes, ils se jettérent dans le Bessin, où ils mirent à feu & à sang tout ce qu'ils purent prendre. *Guillaume* accourut promptement au secours de ce Pays, vainquit ses Ennemis en bataille rangée, & les força à lui rendre un hommage tant disputé & si chérement payé.

918.

Après avoir, en moins d'une année, terminé cette Guerre avec tant de succès, il épousa *Leutgarde*, (7) fille d'*Hébert*, Comte de Senlis.

_____

(7) *D'autres la nomment* Sporte.

## CHAPITRE V.

*Révolte du Comte de Cotentin. Nouvelle Guerre avec la Bretagne. Echecs de quelques Normands dispersés encore dans plusieurs cantons de la Bretagne, &c.*

920. La liaison que *Guillaume* entretenoit avec les François depuis son mariage, excita la jalousie de quelques Seigneurs Normands. *Riouf*, Comte du Cotentin, se mit à la tête des mécontens, & vint attaquer le Duc avec une puissante Armée jusques dans sa Capitale. Aux grands maux il faut des remédes violens. *Guillaume* pressé, fait une sortie furieuse. Ses Troupes se battent en desespérés, & malgré leur extrême infériorité en nombre, elles taillent en piéces l'Armée des Rebelles. Parmi ceux qui signalérent ce jour-là leur courage & leur zèle pour leur Prince, l'Histoire remarque *Bernard le Danois*,

921.

premier

premier Comte de Harcourt, & *Boton*, Comte de Beffin. Ce fut dans ce tems-là que *Robert*, Comte de Paris, ufurpa sur *Charles le Simple*, la Couronne de France qu'il perdit bien-tôt avec la vie. *Charles* ne profita pas de cet événement; les factieux lui opoférent *Raoul* Duc de Bourgogne, qui par adreffe le fit prifonnier, & l'envoya à Peronne où il mourut après fix ans de captivité. 922.

La Guerre des mécontens de Normandie ne fut qu'un orage paffager, quoique violent. *Guillaume* goûta fept ans les douceurs de la paix; pendant cet intervalle, à l'éxemple de fon pere, il fit des réglemens utiles & falutaires, pour maintenir la juftice & le bon ordre dans fes Etats. Vers 928, les Bretons armérent de nouveau pour lui faire la Guerre. Il envoya contr'eux une Armée commandée par le Comte *Flefcam*. Ce Général livre fur les frontiéres de Bretagne une bataille aux Bretons. Les deux Nations rivales fe combattirent avec le plus grand acharnement. Tout ce dont eft 929.

B

capable l'adresse, la force, la valeur, la fureur même, parut également dans les deux partis. Enfin la mort de *Flescam* décida le sort de cette sanglante journée. Les Bretons remportérent la victoire la plus complette. Enflés de ce succès, ils allérent sous la conduite de leur Duc *Alain*, dit *Barbe torte*, attaquer une peuplade d'autres Normands qui étoient établis dans un coin de leur Province depuis environ cinquante ans. Ceux-ci ne furent pas plus heureux que leurs Compatriotes de Neustrie. Ils furent battus & chassés entiérement.

Tant d'avantages réitérés dispensérent, pour quelque-tems, les Bretons de l'hommage dû à la Normandie. Vers 930 le Roi de France *Raoul*, qui depuis quelques années étoit continuellement inquiété par les Normands restés en Bourgogne, en Artois, en Limousin, en Aquitaine, & dans les Isles de la Loire, gagna contr'eux une bataille, dans laquelle presqu'aucun des vaincus n'échapa.

930.

## CHAPITRE VI.

*Guillaume longue-Epée remet par ses négociations Louis IV dit d'Outremer, sur le Trône de ses Peres. Suite de ses Guerres jusqu'à sa mort, &c.*

OGine, femme de *Charles le Simple*, dans la révolution terrible, qui priva son mari du Trône & de la liberté, s'étoit réfugiée chez son frere *Adelstan*, Roi d'Angleterre, avec son fils *Louis*, à qui ce voyage fit donner le surnom d'*Outremer*. *Adelstan* fit solliciter le Duc de Normandie pour s'employer au rétablissement de son Neveu. Le Normand, après la mort de l'usurpateur *Raoul* de Bourgogne, se prêta de bonne grace au desir du Monarque Anglois, & fit tant par ses négociations, qu'il réussit à faire rentrer *Louis* dans l'héritage de ses peres.

Les mauvaises façons du nouveau Roi, firent soûlever contre lui une partie de

936.

la Noblesse Françoise. Il fut forcé d'implorer le secours de *Henri l'Oiseleur* 8), qui régnoit alors avec gloire en Germanie. Le Traité d'alliance entre les deux Rois, conclu par l'entremise du Duc de Normandie, desarma les Rebelles.

C'est ainsi qu'en moins d'un an *Guillaume longue-Epée*, sçut par sa politique & ses négociations, installer & affermir un Roi de France sur son Trône. La destinée de ce Duc étoit de rétablir les Princes détrônés. Il fit rentrer dans le devoir le Danois *Sven*, qui avoit usurpé la Couronne de son pays sur son propre pere *Aigrold*.

*Guillaume*, après s'être vu deux fois l'arbitre & le restaurateur des Rois, se flattoit qu'une longue paix seroit le fruit de tant de travaux. Un événement imprévu renversa ses espérances. *Herluin*, Comte de Montreuil, dépouillé de ses

---

(8) *On a remarqué de ce prince, pere du grand* Othon, *qu'il se contenta toujours du titre de Roi, & rejetta celui d'Empereur, quoiqu'il en eût toute la puissance.*

Etats par *Arnould*, Comte de Flandres, eut recours dans son malheur au Roi de France, & à *Hugues*, Comte de Paris. N'ayant pu rien obtenir d'aucun d'eux, il vint se jetter entre les bras du Duc de Normandie qu'il regardoit, avec raison, comme le protecteur des Princes opprimés. En effet, *Guillaume* marche contre l'usurpateur. Reprendre Montreuil, faire disparoitre du Ponthieu tous les soldats d'*Arnould* : rétablir entiérement le Prince Picard, ne fut qu'une affaire de sept jours. *Herluin* voulut faire recevoir à son protecteur & son vengeur des marques précieuses de sa reconnoissance. Celui-ci ne voulut d'autre prix de ses peines que la gloire d'avoir fait rentrer dans ses Etats un Prince dépossédé.

Le Comte de Flandre, dont la haine contre le Duc de Normandie devint implacable dès ce moment, & s'irrita d'autant plus, qu'il ne pouvoit l'assouvir à force ouverte, feignit un vif repentir de son usurpation, & finalement attira *Guillaume* à une Conférence dans une

Isle de la Somme. Là malgré la sainteté des sermens, malgré l'horreur qu'il devoit ressentir d'un tel crime, malgré toutes considérations, le lâche Flamand fait indignement assassiner son respectable Rival. C'est pourtant un tel homme à qui l'on a donné le surnom de *Grand* (9).

943.

Ainsi finit, par la plus attroce perfidie, ce Prince magnanime, que sa valeur, sa prudence, sa justice & ses autres belles qualités, firent triompher de ses ennemis, respecter de ses voisins, chérir de ses peuples & estimer de tout le monde. Il laissa un fils en bas-âge qui fut son successeur.

Il n'est pas hors de propos de raporter ici, qu'environ deux ans avant la mort de *Guillaume*, une Troupe de Danois auxquels s'étoient mêlés plusieurs Normands de France, fit une descente en Galice sous la conduite d'un Capitaine

941.
ou
942.

───────────────

(9) *On l'apelle* Arnould le Grand ou le Vieux.

nommé *Gundired*. Villes, Bourgades, Châteaux, Monastéres, tout ce qu'ils purent prendre, fut mis à feu & à sang. L'Evêque de Compostelle nommé *Sisenand*, homme plus propre (10) à conduire une Armée que l'Eglise de Jesus-Christ, marcha contre les Pirates avec une Troupe de soldats, levés à la hâte & nullement aguerris. L'action se donna près d'un lieu nommé Fornelles. Elle fut à peine disputée. L'Evêque *Sisenand* y périt avec un grand nombre des siens, & les Normands ne cessérent pendant deux ans entiers de désoler la Galice. Enfin, *D. Ramir*, Roi de Léon, envoya contre ces Pirates des Troupes réglées, commandées par un Seigneur nommé *D. Gonçalo Sanchès*. Ce Géné-

943.

───────────────────────────

(10) *On ne tiendroit pas ce propos sur ce Prélat, s'il s'étoit toujours borné à suivre les traces des* Evrards *&* des Gozlins; *mais sa mauvaise conduite l'avoit déja fait chasser de son Diocèse, & il y étoit rentré à main armée malgré le Roi de Léon*. Voy. Hist. d'Espagne, *in-folio*, par *Mayerne Turquet*, Tom. I. pag. 263, Edition de 1635.

B 4

ral s'acquitta si bien de sa commission, qu'il défit entiérement les Normands, tua leur chef *Gundired*, & brûla leurs vaisseaux ; de façon qu'on ne sçait ce que devint le reste de ces Pirates après leur dispersion.

Ce fait m'a paru tenir assez à l'Histoire des Normands, pour mériter place dans cet essai.

## CHAPITRE VII.

*Fondations sous le Duc* Guillaume I.

LA domination Normande n'avoit point aboli en Neustrie l'usage abusif, reçu dans ces tems grossiers par toute la France, de se dépouiller de son bien, & souvent de ruiner des héritiers légitimes en faveur des Monastéres & des Eglises. On a vu la conduite généreuse de *Robert I* à cette occasion. Beaucoup de Seigneurs en faisoient autant à proportion de leurs richesses. (11)

(11) *On crut pendant les neuvième, dixième, & onzième siècles, que le monde alloit finir.*

*Guillaume I* suivit en cela l'éxemple de son pere, comme il l'avoit suivi en d'autres points plus utiles & plus importans. Deux Religieux de la Prévôté d'Hâpres en Cambresis, dont le Couvent avoit été ruiné par *Bier* & *Hastenc*, vinrent lui demander de quoi vivre. Un Prince moins zèlé auroit pu dire à ces bons Peres : *ces bras sains & nerveux sont-ils faits pour être croisés ? travaillez & vous vivrez* ; mais le charitable *Guillaume* vivement touché de leurs miséres, leur fournit, sans hésiter, des moyens pour rebâtir Jumiéges , * & pour y achever dans le repos & la priére, des jours qu'ils auroient pu rendre plus utiles à leurs semblables , en travaillant dans le monde. On dit que peu de tems après cette œuvre pieuse, il eut envie de se faire Moine. Il est difficile

940.
* Autrefois détruit par Hastenc.

―――――――――――

*Aussi voit-on bien des Chartres de donation de ce tems , qui commencent par ces mots :* Quoniam finis seculorum appropinquat ; *ou bien* adventante mundi vespero, *vû que la fin du monde arrive , & vû qu'on s'est trompé , &c. &c. &c.*

B 5

de concilier cette foiblesse avec la manière dont il gouverna.

L'Abbaye de Fécamp fut aussi rebâtie par les soins de *Guillaume*. Plusieurs autres Eglises & Monastéres se ressentirent de ses bienfaits ; de façon qu'il mourut, autant regretté des Prêtres & des Moines, que de ses autres Sujets.

# RICHARD I dit SANS-PEUR, (12)
*Troisiéme Duc de Normandie.*

## CHAPITRE VIII.

R**ICHARD** *reçoit les hommages des Normands & des Bretons. Entreprises du Roi de France pour le déposséder. Comment il échape à ce danger. Bataille près de la Riviére de Dive, &c.*

AU premier vent qu'on eut de la mort tragique de *Guillaume*, quatre principaux Seigneurs désignés du vivant de ce Duc, pour la tutelle de son fils, assemblérent les Grands de Normandie & de Bretagne pour le reconnoitre ; (13) il n'y eut aucune oposition,

943.

---

(12) *Il fut encore surnommé aux longues jambes, mais on a cessé de le connoître sous ce sobriquet.*

(13) *D'autres disent que ces quatre Seigneurs*

pas même du côté des Bretons, qui rendirent l'hommage sans difficulté. Un orage terrible succéda bien-tôt au calme goûté dans les premiers mois de la régence.

Le Roi de France, *Louis d'Outremer*, sourd aux cris qui s'élevoient dans son cœur, pour lui rapeller ce qu'il devoit à la mémoire de son Bienfaiteur & de son Restaurateur, n'écouta que ses intérêts & son ambition. Ligué avec *Hugue le Blanc*, ou *le Grand*, ou *l'Abbé*, avec lequel il avoit déja combiné un partage de la Normandie; il vint à Rouen, sous prétexte de vouloir venger la mort du Duc *Guillaume*. Mais la mal-adresse avec laquelle il persista à ne vouloir pas rendre le jeune *Richard*, qu'il détenoit depuis trois jours que ce Prince étoit venu pour le saluer, exci-

---

*qui partagérent la Régence, ne furent nommés à ces emploi qu'à l'assemblée des principaux Normands & Bretons, convoquée après la mort de Guillaume, par les soins de* Bernard le Danois, *Vicomte de Rouen*, & de Hugues II, *Archevêque*,

ta l'indignation & le soûlévement du peuple de Rouen. *Louis IV* assiégé dans son Palais, fut obligé de rendre le jeune Duc pour se tirer de ce mauvais pas; mais cette premiére fougue des Rouennois passée, il sçut si bien endormir leur défiance, qu'ils le laissérent emmener leur Duc à Laon. La Cour de France devint bien-tôt une prison pour le jeune Prince. On lui donne des Gardes, & *Louis* animé par les cruelles sollicitations du vindicatif *Arnould* de Flandre, ne s'en seroit peut-être pas tenu à ce traitement, si le sage Gouverneur (14) de *Richard* n'eût eu l'adresse de tirer son Pupille de ce danger pressant, &

---

(14) *Ce Seigneur, qui étoit un des quatre désignés pour la Régence, s'apelloit* Osmond. *Ce n'est ici ni le lieu ni le tems de s'ériger en généalogiste ; mais qu'il me soit seulement permis de remarquer que, quoique ce nom d'*Osmond *ne lui fût, selon les aparences, donné qu'au baptême, il ne seroit pas impossible qu'il ne fût l'auteur d'une Maison respectable de Normandie, connue sous ce nom ; parce que dès le dixiéme & l'onziéme siécle bien des Gentilshommes retinrent en nom propre des noms de baptême qu'eux*

de le faire transporter au Château de Coucy, apartenant au Comte de Senlis, oncle maternel du Duc. *Louis* voyant que l'artifice ne lui avoit point réussi, prit la résolution d'en venir à la force ouverte. Il entre avec une armée dans le pays de Caux, tandis que *Hugues le Blanc*, son allié, pénétre dans le Beſſin.

La Normandie attaquée à la fois de deux côtés, se vit sur le point de retourner à ses anciens Maîtres. La politique de *Bernard le Danois* l'en empêcha. Ce Seigneur le plus puiſſant, comme le plus âgé des quatre qui partageoient la régence, parvint à semer la méſintelligence entre le Roi & le Comte de Paris. Ce dernier trompé par *Louis*, qui s'étoit trop fié aux Conseils de *Bernard*, évacue la Normandie, dont il avoit déja pris & ravagé une

---

*ou leurs ancêtres avoient rendu recommandables par leur mérite ou par leurs belles actions. Cette remarque n'eſt pas ſi étrangére à l'Hiſtoire que bien des gens pourroient se l'imaginer.*

bonne partie, & se retire chez lui avec le ressentiment le plus vif contre les mauvais procédés du Roi. Le sage Comte de Harcourt, non content d'avoir délivré son Pays d'un ennemi si dangereux, employe tous les moyens possibles pour se défaire de l'autre. C'est par ses avis que *Louis* toujours dupe, se rendit odieux à tous les Normands, par la maniére dont il en usoit avec eux. Les rapines & les véxations d'un Intendant François, nommé *Raoul Tourte*, achevérent d'indisposer tous ceux qui avoient balancé entre le parti du Roi & celui du Duc. Pour mettre le comble aux disgraces du Monarque François, *Aigrold*, Roi de Danemarck, qui n'avoit pas oublié les services que le pere de *Richard* lui avoit rendus, fut apellé en Normandie par les soins du même Comte de Harcourt. (15) Vingt-deux gros bâtimens portérent ce Prince

---

(15) *On a déja dit au Chapitre V que Bernard le Danois fut le premier Comte d'Harcourt. Voyez la Roque & autres.*

& son armée sur les côtes de *Basse-Normandie*. Les Cotantinois & autres des environs, vinrent en foule se joindre à leurs anciens compatriotes.

L'armée Danoise, grossie de tous ces renforts, s'avance dans le pays, passe la riviére de Dive, auprès du lieu de Cressanville. *Aigrold* se voyant en présence des François, envoya sommer le Roi de France de restituer la Normandie au Duc *Richard*. *Louis* demande une entrevue pour traiter cette importante affaire. *Aigrold* y consent, & pendant que les deux Rois sont à conférer dans une tente au milieu des armées, un Gentilhomme Normand qui aperçoit parmi les François *Herlwin*, Comte de Montreuil, que le Duc *Guillaume Longue-Epée* avoit autrefois remis en possession de ses Etats, va lui reprocher son ingratitude dans les termes les plus amers. *Herlwin* étoit fort embarrassé de sa contenance, lorsqu'un Danois dont la brutalité égaloit au moins l'ingratitude de ce Comte, vient lui fendre la tête d'un coup de hache. Cette action d'un barbare eſt le ſigne d'un ſanglant combat. Les François veulent venger la mort de leur Compatriote. Ils enfoncent d'abord les Normands & Danois. Ceux-ci ſe remettent bien-tôt en ordre, & font reculer les François à leur tour. C'eſt alors le moment de la plus cruelle boucherie. Les deux Rois ſortent de leur tente, & ſont bien étonnés de voir que, ſans leur conſentement, la querelle va ſe décider. *Louis*, qui remarque que ſon parti n'eſt pas le plus fort, tremble pour ſa liberté, & ne ſçait s'il doit fuir ou combattre.

Durant cette perpléxité du Monarque François, les Danois & Normands preſſent leurs ennemis avec plus de fureur que jamais. Ceux-ci ne peuvent plus réſiſter à tant d'efforts. En vain leur vaillante Nobleſſe veut-elle ſoutenir l'honneur de la Nation; ſes prodiges de valeur ne ſervent qu'à augmenter le nombre des morts, ſans changer la face du combat. *Aigrold* se mêle alors à ses troupes victorieuses, les encourage à poursuivre vivement leurs avantages. Le carnage redouble, mais c'est la Noblesse françoise qui essuye tous les coups sans pouvoir presque plus en porter ; le champ est jonché de morts & de mourans. Dix-huit Seigneurs des plus qualifiés de France, avec un nombre infini de Gentilshommes, payent de leur vie leur généreuse résistance.

*Louis*, qui se préparoit à la fuite, est fait prisonnier ; mais à la faveur du désordre avec lequel les Danois s'empressoient de poursuivre leurs adversaires mis en déroute, il se sauve. Un Cavalier Rouennois le reprend encore, mais gagné par les offres du Roi, il le cache & lui promet la liberté.

*Aigrold* & le Comte de *Harcourt*, inquiets du sort de leur prisonnier qu'ils ne retrouvent plus, font les plus éxactes perquisitions, & le déterrent enfin. Les Normands, malgré les griefs qu'ils avoient contre lui, n'oublièrent jamais ce qu'on doit à un Roi ; & bien loin de lui rendre ce qu'il avoit fait à leur Duc, ils le comblérent de toutes les honnêtetés possibles & lui procurérent autant d'agrémens qu'en peut recevoir un Monarque prisonnier.

La Reine *Gerberge*, aprit, avec une surprise mêlée de la plus amére douleur, la défaite & la captivité de son mari. En vain fit-elle aux Normands les offres les plus brillantes pour le ravoir, ses promesses ne suffirent pas. Il lui fallut absolument, & à son grand regret, donner pour sûreté de la conduite du Roi, ses deux fils *Lothaire* & *Carloman* en ôtage.

Enfin, cette victoire & cette capture inattendues, donnérent à la Normandie une paix si desirée. L'Article de l'hommage de la Bretagne y fut stipulé & confirmé.

Ce Traité conclu, le Roi de Danemarck, qui pouvoit dire comme *César*: *Veni*, *vidi*, *vici*, retourna dans son pays, emportant avec les lauriers de la

947. victoire & l'olive de la paix, les riches préfens qu'il reçut de la jufte reconnoiffance des Normands.

## CHAPITRE IX.

*Alliance de Richard avec le Comte de Paris. Guerre contre une puiffante Ligue. Mort du Roi de France & de Hugues le Blanc.*

948. Hugues le Blanc n'avoit pas perdu à la Guerre de Normandie. Le Roi de France, à peine échapé des Normands, étoit tombé entre fes mains, & n'en étoit forti qu'en lui cédant la Ville de Laon. Ainfi *Hugues* avoit affouvi fon ambition comme fa vengeance. Comme il méditoit de plus grands deffeins, il crut que rien n'étoit plus propre à les feconder que l'alliance du Duc *Richard*. Les Seigneurs qui tenoient les rênes du Gouvernement pendant la minorité de *Richard*, confentirent très-volontiers à une alliance auffi avantageufe. Le Duc avoit environ quatorze

ans, la Princesse, fille de *Hugues le Blanc*, nommée *Emme*, n'en avoit guére que sept : aussi ce mariage ne se fit-il que plusieurs années après, quoiqu'on les fiançât tout de suite.

Ces fiançailles furent le sceau d'une étroite confédération entre le Normand & le Comte de Paris. Cette liaison donna de l'ombrage au Roi de France, & réveilla les inquiétudes du Comte de Flandre, qui trembloit que *Richard* ne lui redemandât le sang de son pere. Ces sortes de soupçons cimentérent entre ces deux Princes une alliance contre *Hugues* & *Richard*, dans laquelle ils firent intervenir *Othon*, Roi de Germanie ; c'est ce même *Othon* auquel ses fameux exploits méritérent depuis le surnom de *Grand*.

L'Armée de ce dernier, jointe à celle de ses deux Alliés, ravagea tout le domaine de *Hugues le Blanc*. *Conrad*, Roi de Bourgogne se joignit bien-tôt à eux. Paris fut assiégé par toutes ces forces réunies, & ne put être pris. Toutes

948. les autres Places fortes de *Hugues* se défendirent également bien ; de sorte que toutes les expéditions d'une Armée si puissante, se réduisoient à piller ou brûler quelques misérables Villages ou Bourgades.

949. *Arnould*, de Flandre, voyant ces
& suiv. mauvais succès, persuada à ses Alliés d'aller assiéger Rouen, les assurant que cette Ville n'étoit pas capable de résistance. *Richard*, averti du danger qui menaçoit sa Capitale, y vole avec ses meilleures Troupes, & prend toutes les mesures convenables à une bonne défense. On fut bien-tôt informé de l'aproche des ennemis. L'intrépide Duc de Normandie, dressa une embuscade au bois de Bihorel, y surprit un gros d'Allemands, & tua de sa main le neveu du Roi de Germanie, qui les commandoit. Ce triste prélude fut d'un mauvais augure aux Assiégeans. Malgré leur acharnement & leur furie, ils furent repoussés dans toutes les attaques qu'ils livrèrent à la place. Des sorties redoublées,

& dans lesquelles les Normands avoient toujours le dessus, achevérent bien-tôt de les déconcerter. Pour comble de disgraces, *Arnould*, qui craignoit que ses Alliés mécontens ne le livrassent dans leur dépit au Duc de Normandie, les quitta une belle nuit avec toutes ses Troupes. Cette désertion hâta la levée du Siége.

Il étoit bien glorieux pour *Richard* & ses Normands d'avoir seuls repoussé les efforts de quatre grandes Armées réunies.

Si l'on peut s'en raporter à la foi des Historiens Normands, il se passa un événement fort étrange un peu avant la levée du Siége. Le Roi de Germanie, dans l'intention d'observer les forces, l'état & le dedans de la Ville, demanda à *Richard* la permission d'y entrer, sous prétexte d'aller visiter l'Eglise de Saint Ouen ; & ce qu'il y eut de plus singulier, c'est qu'il l'obtint. Il n'étoit accompagné que de cent hommes lorsqu'il entra dans la Ville, & il ne fallut pas moins que toute la générosité de son ennemi pour justifier une si grande témérité.

954. *Louis d'Outremer* ne survécut que peu d'années aux revers qu'il avoit éprouvés en Normandie. *Hugues le Blanc* le suivit de près au tombeau, ayant nommé à l'article de la mort *Richard* Tuteur 956. de ses enfans.

## CHAPITRE X.

*Fin de toutes les Guerres de Richard-sans-Peur*, &c.

Lothaire (16), fils aîné de *Louis d'Outremer*, hérita du Trône & de l'animosité de son pere contre les Normands. *Thibaut*, Comte de Chartres, que la tutelle donnée par *Hugues*, inquiétoit, se ligua facilement avec le 959 Roi. *Arnould* de Flandre, cet ennemi & 960. juré

---

(16) Hugues le Blanc *avoit beaucoup aidé* Lothaire *à monter sur le Trône*.

juré de la Normandie, & *Géoffroy*, Comte d'Anjou, entrérent dans cette alliance. Il ne s'agissoit pas moins que de prendre & déposséder *Richard*. On verra quel fût le fruit des fraudes & des entreprises violentes que les Confédérés oposérent à la franchise & au courage de ce Duc.

D'abord on le fait consentir à se trouver à une assemblée d'Etat, qui doit se tenir à Amiens. *Richard*, déja acheminé pour s'y rendre, est averti sur la route qu'il y doit perdre la vie, ou tout au moins la liberté. Il revient promptement sur ses pas, bien résolu de tirer vengeance de cette noire perfidie, malgré la quadruple Alliance qu'il avoit en tête. Ses lâches Adversaires craignant ses desseins, lui tendent un autre piége. Le Roi de France feint une brouillerie avec *Thibaut* de Chartres, & invite *Richard* à une entrevue. Ce Prince trop facile, parce qu'il jugeoit du caractére d'autrui par le sien, alloit tomber dans le panneau funeste; mais

Vers 960.

C

ses fidèles Sujets, devenus plus méfians
que leur Souverain, découvrent les projets du Roi *Lothaire* & de *Thibaut*,
dont les troupes étoient réunies. *Richard*
qui a encore cette fois le bonheur d'ê-
tre averti à tems, se fait suivre de toute une Armée, au lieu d'une simple suite qu'il avoit d'abord avec lui, & s'a-
vance jusqu'à la riviére d'Epte, là il
range ses troupes en Bataille pour en
empêcher le passage.

Ses ennemis voyant leur premier dessein échoué, voulurent tenter par la
force ce qu'ils avoient inutilement entrepris par la fraude. Les François qui
ne sçavent guére reculer, sur-tout
quand leur Roi marche à leur tête, se
jettent en foule dans la riviére & atta-
quent avec impétuosité les Normands
qui étoient postés sur l'autre bord.
Ceux-ci se défendent avec la même intrépidité dont ils sont attaqués.
*Lothaire* & *Richard* se couvrirent de
gloire par les belles actions qu'ils firent
tous les deux dans le plus fort de la mê-

lée. Enfin, la cause la plus juste l'emporta, & *Lothaire* fut forcé de faire sonner la retraite.

Parmi le grand nombre des Normands qui signalérent dans cette journée leur valeur & leur zèle pour leur Prince, l'Histoire distingue Gautier le Veneur, auquel ses prodiges de valeur acquirent une réputation immortelle. Le Duc *Richard* eut la gloire de sauver les jours de ce brave Chevalier, qui percé de coups, défendoit avec plus de vaillance que de succès les foibles restes de sa vie.

*Lothaire*, fortement animé par les instigations des Comtes de Chartres & de Flandre (17), résolut au bout de quelques années de venger l'affront qu'il avoit reçu sur les bords de l'Epte. Rempli de ce projet, il entre en Normandie avec une armée de cinquante mille hommes, & s'empare d'Evreux, que

967.
& suiv.

---

(17) *Ce n'étoit plus* Arnould *le vieux, c'étoit son petit fils* Arnould II.

la lâcheté ou la trahison du Gouverneur lui rendit sans résistance.

Le Monarque, après cet exploit, retourne en France où d'autres affaires l'apelloient, & laisse le commandement à *Thibaut* de Chartres. Ce Comte, après avoir dévasté le plat pays, vint avec sa formidable armée, mettre le siége devant Rouen. C'étoit pour la deuxiéme fois que *Richard sans peur* voyoit sa Capitale assiégée : mais les momens les plus critiques ne décourageoient pas ce Grand homme ; il sçût sauver sa Ville la seconde fois comme la premiére. Une sortie brusque & faite à propos, mit en déroute l'Armée françoise, & délivra Rouen. Un secours mandé de Danemarck arriva sur ces entrefaites fort à propos pour aider *Richard* à ravager les Etats du Comte *Thibaut*. On rendit largement aux Danois & au pays Chartrain tout le mal qu'avoit souffert la Normandie. Chartres fut assiégée, mais ses Habitans imitérent le courage de ceux de Rouen;

de façon que le Duc se contenta de brûler les Fauxbourgs en represailles des ravages de *Thibaut*. Le fils de ce Comte périt dans le Siége.

Enfin, également lassés de cette cruelle guerre, les deux partis se firent des propositions de Paix. Le Roi *Lothaire* hâta le Traité avec toute la diligence possible. On rendit de part & d'autre tout ce qui avoit été pris; & *Richard*, après cet accommodement, renvoya les Danois chez eux avec de grandes sommes. *Lothaire* mourut environ quatorze ans après ce Traité, empoisonné, dit-on, par *Emme* sa femme. Son fils *Louis V*, dit *le fainéant*, qui depuis neuf ans étoit associé au Gouvernement, lui succéda. Sa femme fut accusée de l'avoir fait périr du même genre de mort que son pere, mais il faut se défier de tous ces empoisonnemens dont les Histoires fourmillent. Il n'est pas de mon sujet de raporter ici comment *Hugues Capet* parvint à la Couronne.

972.

986.

987.

987. Comme il n'y eut depuis le dernier Traité de Paix fait vers 972, aucun démêlé entre la France & la Normandie, j'ai raporté tout de suite la mort du Roi *Lothaire*, & l'avénement des deux autres *Louis le fainéant* & *Hugues Capet*.

## CHAPITRE XI.

*Fondations du Duc* Richard-sans-eur. *Ses vertus, ses enfans, sa mort, &c.*

Richard, depuis les exploits glorieux qui lui avoient procuré la derniére paix, c'est-à-dire, depuis environ l'année 972, jouit d'un repos constant jusqu'à la fin de ses jours. Il est vrai que les différends de *Hugues Capet*, fils de *Hugues le Blanc*, avec

987. *Charles de Lorraine*, lui donnérent des inquiétudes, parce qu'il ne vouloit pas abandonner le Prince, dont il avoit été le tuteur & le beau-frere : mais on ne voit pas que la Normandie se soit ressentie des troubles qui déchiroient alors

la France. Il y a aparence que *Richard* 987. se contenta d'aider son pupille de ses conseils & de ses négociations sans lui prêter ses Troupes. Quand il vit *Hugues Capet* affermi sur le Trône de France, il ne s'occupa plus qu'à régler l'intérieur de ses Etats. La sagesse de son administration lui attira autant l'amour & la vénération de ses Peuples, que l'éclat de ses triomphes lui avoient attiré leur estime & leur admiration.

A l'éxemple de ses prédécesseurs, il combla de biens les Eglises & les Monastéres, & en fit même bâtir plusieurs. Veuf de la fille de *Hugues le Blanc*, il s'étoit remarié à * celle d'un Chevalier Danois, qui avoit été sa concubine. Il en laissa *Richard II* son successeur, *Robert*, Comte d'Evreux, qui fut Archevêque de Rouen, *Emme* qui épousa *Ethelred*, Roi d'Angleterre, *Edwige*, femme de *Géoffroy*, Duc de Bretagne, & *Mahaud* mariée à *Eudes*, Comte de Chartres.

*Nommée Gonnor.

L'an 996 *Richard I.* sentant sa fin 996.

996. aprocher, donna les derniers ordres pour maintenir la tranquillité dans son Duché, & fit reconnoître son fils aîné. Il mourut peu de jours après ( à l'âge de soixante-quatre ans, dont il en avoit régné près de cinquante-quatre ) avec la réputation du Prince le plus accompli de son siécle.

# RICHARD II,

Surnommé le BON & l'INTRÉPIDE,

*Quatriéme Duc de Normandie.*

## CHAPITRE XII.

*Guerre Civile. Brouilleries avec l'Angleterre. Défaite des Anglois, &c.*

RICHARD II à son avénement au Duché de Normandie, voulut récompenser les services que ses Prédécesseurs avoient reçu du courage & de la fidélité de la Noblesse Normande. Il n'élevoit aucun roturier aux emplois, sinon ceux dans lesquels un mérite supérieur réparoit le peu de naissance. Les avantages & les distinctions dont il honoroit avec tant de raison, le corps qui a naturellement le plus droit d'y prétendre, excitérent la jalousie de quelques hommes nés dans l'obscurité, qui plutôt que de travailler à aplanir par des vertus ou de belles actions la distance qu'il y avoit entr'eux & la Noblesse, conjurérent contr'elle, & excitérent une révolte dans l'Etat.

997. *Richard*, voulant éteindre ce feu avant qu'il eût fait des progrès, fit monter sa Noblesse à cheval au premier avis qu'il eut de la sédition. Il confia le commandement de cette troupe intrépide à son oncle *Raoul*, Comte d'Ivry. L'Armée des séditieux, composée seulement de quelques misérables Paysans ramassés à la hâte, fut bien-tôt dissipée par le Corps aguerri qu'elle avoit en tête. On punit sévérement & exemplairement les Chefs de cette sédition, qui fut étouffée dans sa naissance.

998. Cette Guerre finie, *Richard* voulut s'assurer de la fidélité de sa Noblesse, comme il venoit de s'assurer de son intrépidité. Tous lui rendirent hommage, excepté le seul Comte de Hiémes son frere naturel. Ce rebelle ne porta pas loin la punition de son crime. Sa Ville

fut prise par les troupes du Duc. Il fut lui-même retenu cinq ans dans les prisons de Rouen. S'étant échapé au bout de ce terme, mais dénué de toutes ressources, il espéra encore dans la grandeur d'ame & la bonté de son frere. Un jour que ce Duc étoit à la chasse dans la Forêt de Verneuil, il va les larmes aux yeux se jetter à ses genoux, & lui demande pardon dans les termes les plus touchans. Son généreux frere est attendri, lui pardonne, & lui rend ses biens.

1003.

A peine le Duc eut-il apaisé les troubles domestiques, qu'il lui en survint d'étrangers. *Ethelred*, Roi d'Angleterre, qui avoit épousé sa sœur aînée, fut piqué de quelques representations un peu fortes que *Richard* lui fit faire au sujet de la maniére dont il gouvernoit ses Etats. La froideur que ces sortes de reproches mirent entre les deux beaux-freres, se changea bien-tôt en une Guerre cruelle. *Ethelred* fut le premier prêt. Une puissante armée d'Anglois fut portée sur les côtes de Basse-

Normandie, avec ordre de mettre tout à feu & à sang, & d'amener le Duc.

Les Anglois à peine débarqués, se flattérent que rien ne pourroit résister à leurs forces nombreuses, ils furent pourtant bien-tôt informés qu'une troupe des Habitans du pays, commandés par le jeune *Néel de Saint Sauveur*, Vicomte de Cotentin, s'avançoit à eux. Cette nouvelle subite les étonna, mais ne les effraya pas. Se fiant sur la supériorité du nombre, ils firent la moitié du chemin, marchant au combat comme à un triomphe certain. L'événement ne répondit pas à leur attente. Battus à plate-couture & taillés en piéces, il n'en resta qu'un très-petit nombre (18) qui

---

(18) *Quelques Lecteurs pourront être surpris de ce que le mot nombre étant au singulier, j'aye écrit* sauvérent *pour* sauva, &c. *Je répons que j'ai cru pouvoir apliquer au François ce tour Latin*, minima pars faciunt, *que j'ai même quelques Grammairiens pour moi ; & qu'au reste loin d'être entier dans mon sentiment, je soumets de tout mon cœur ce problême grammatical à la décision de quiconque voudra le résoudre.*

se sauvérent à Barfleur, & qui eussent le tems de se jetter dans les Vaisseaux sur lesquels ils repassérent au plus vîte chez eux.

Cette bataille fut suivie de la paix qui se fit par la médiation du Pape Jean XVI.

## CHAPITRE XIII.

### MALHEURS DE L'ANGLETERRE.

*Guerre de Richard II contre son Beaufrere le Comte de Chartres. Secours des Peuples du Nord.*

LE flambeau de la derniére Guerre étoit à peine éteint, qu'on vît arriver en Angleterre la plus sanglante & la plus horrible révolution qu'on eût encore vue. *Ethelred II*, profitant de la sécurité que la foi des sermens inspiroit aux Danois, habitués dans ses Etats, les fit massacrer inhumainement en un seul jour. Une telle barbarie seroit peu croyable si, dans des siécles

Vers 1013. & suiv.

bien postérieurs, on n'avoit vu, chez les Peuples qui ont la réputation d'être les plus doux de l'Europe, des momens de vertige & de fanatisme, où malgré la paix jurée le frere furieux alloit enfoncer le poignard dans le cœur de son frere, le pere massacrer son fils, le citoyen égorger son compatriote. Il semble que les mêmes horreurs ayent une période marquée, au bout de laquelle elles reparoissent sur la terre.

Le crime atroce d'*Ethelred* attira chez lui les armes de *Suénon*, Roi de Danemarck, de *Lacman* ou *Lacime*, Roi de Suéde, & d'*Olaüs*, Roi de Norwége. L'Angleterre ressentit les plus funestes effets de la juste vengeance de ces trois Monarques, & se vit à deux doigts de sa ruine. Un événement imprévu la sauva.

1017.  *Richard*, dont la destinée étoit de faire toujours la Guerre à ses Beaux-freres, avoit alors pour ennemi *Eudes*, Comte de Chartres, qui étant veuf de sa sœur *Mahaud*, refusoit de rendre la

dot, quoiqu'il n'en eût pas eu d'enfans. 
Le brave *Néel de Saint Sauveur* avoit combattu à la défense de Thilliéres ce nouvel adversaire avec le même succès qu'il avoit éprouvé contre les Anglois. Il y avoit toute aparence que la Guerre alloit finir au profit du Duc, lorsque le Comte de Chartres fit alliance avec plusieurs grands Vassaux de la Couronne, dont les secours l'aidérent à poursuivre vivement les hostilités. Ses entreprises furent même favorisées sourdement par le Roi *Robert*, fils & successeur de *Hugues Capet*.

Tant d'ennemis conjurés contre *Richard*, forcérent ce Duc d'avoir recours aux Rois du Nord qui saccagoient l'Angleterre. Leur zèle & leur promptitude à le secourir furent le salut des Anglois, & servirent en même-tems de preuve de l'étroite alliance qui subsistoit toujours entre les Normands de Neustrie & leurs anciens compatriotes du Nord.

L'arrivée des Danois, Suédois & Norwégiens ; les progrès & les ravages qu'ils firent dans les pays déclarés contre la Normandie, mirent bien-tôt *Richard* en état de dicter les conditions de la paix. Les Historiens du douziéme & treiziéme siécles, raportent que le Roi de Norwége se fit chrétien pendant son expédition, & ils ont été copiés en ce point par nos Auteurs modernes. Il est permis de douter de ces conversions subites, dont les anciennes chroniques fourmillent.

1019.

## CHAPITRE XIV.

*Alliances du Roi de France avec* Richard le Bon. *Secours donnés aux Comtes de Melun & de Flandre.*

LE Roi de France qui travailloit sous main, il n'y a qu'un moment, a déposséder le Duc de Normandie, rechercha son alliance peu de tems après la conclusion de la Paix, & le pria de l'aider à chasser ce méme *Eudes* de

Chartres, qui s'étoit emparé par artifice de la ville de Melun, dont *Bouchard* étoit le Souverain légitime.

Le Normand n'hésita pas à secourir un Seigneur dépouillé injustement ; il joignit son armée à celle du Roi qui assiégeoit Melun, l'aida à prendre la Ville & le Château, & contribua ainsi à rétablir le Comte *Bouchard*. Ce service fut suivi d'un autre plus important.

*Henri*, Duc de Bourgogne, frere de *Huges Capet*, mourut sans enfans légitimes, & laissa son Duché par Testament à son neveu *Robert*, Roi de France. *Landry*, Comte de Nevers, apellé par les Bourguignons, crut devoir profiter de leurs offres, & contesta le don fait à *Robert*. Celui-ci irrité, envoye des troupes pour le soumettre : mais *Landry* sçait bien les empêcher de mettre le pied dans le pays. Le Monarque François eut alors recours au Duc de Normandie. Ce Vassal qui auroit pu soudoyer son Maitre, joignit incontinent ses forces à celles de France. Il enleva bien-tôt aux factieux les villes de Sens, d'Auxerre & d'Avalon, & força *Landry* à se soumettre.

Vers 1022.

Les armes de *Robert* & de *Richard*, se réunirent encore une fois depuis, & délivrérent les Etats du Comte de Flandre pressés par l'Empereur. Aprés tant d'exploits honorables, *Richard* ramena en Normandie ses Troupes chargées de gloire & de butin.

## CHAPITRE XV.

*Derniéres Guerres du Duc* Richard II.

Durant les Guerres que *Richard* eut à soutenir tant contre l'Angleterre que contre *Eudes* de Chartres son beau-frere, il s'étoit élevé quelques brouilleries entre la Bretagne & la Normandie ; mais comme elles ne produisirent aucun événement considérable, elles ne méritent aucun détail dans cet essai ; je ferai seulement remarquer comme un trait bien honorable à la mémoire de *Richard II*, qu'il

*de Normandie.*

jouissoit d'une si grande réputation de candeur & de probité, que le Duc de Bretagne *Géoffroy*, malgré les démêlés qu'ils avoient eus ensemble, quoique beau-freres, n'hésita pas dans un voyage qu'il fit en Palestine ( & pendant lequel il mourut ) de confier ses enfans au Prince Normand. C'est ainsi que *Richard II* sçavoit également gagner les hommes par sa générosité & les vaincre par sa valeur.

1008.

Un amour déréglé vint troubler ses vieux jours. Il répudia sa femme *Estrite*, sœur de *Canut*, Roi d'Angleterre & de Danemarck, pour épouser une simple Demoiselle nommée *Papie*, qu'il aimoit éperduement. Le Monarque, pour venger l'outrage fait à sa sœur, passa en Normandie avec une nombreuse armée ; mais sa mort qui suivit de près son débarquement, mit fin à la guerre.

1025.

Cet orage dissipé il s'en éleva un autre, mais moins dangereux. *Renaud*, Comte de Bourgogne & gendre de *Ri-*

Vers 1026.

chard, fut fait prisonnier par *Hugues*, Comte de Châlons, à qui il faisoit la guerre. Le généreux beau-pere offrit aussi tôt sa rançon au vainqueur ; mais celui-ci aima mieux garder son ennemi prisonnier, & rejetta hautement toutes les propositions du Normand. Le Duc envoya pour le réduire ses deux fils, *Richard* & *Robert*. Ces Princes après avoir ravagé le plat-pays, assiégérent *Hugues* dans sa Capitale : ce Comte vivement pressé, fut contraint de venir se jetter à leurs pieds, une selle à cheval sur le (19) dos, d'implorer leur clémence, & de recevoir la loi qu'ils voulurent lui imposer. On eut la générosité de lui rendre tout son domaine, à condition qu'il rendroit la liberté & tout ce qu'il avoit pris au Comte *Renaud*.

---

(19) *C'étoit la marque de la soumission la plus parfaite.*

## CHAPITRE XVI.

*Fondations de Richard II. Ses Enfans. Sa Mort.*

Richard l'Intrépide, qui se vit tant de fois le vainqueur de ses ennemis, l'arbitre de ses voisins, le protecteur des Princes oprimés, qui fut toujours l'honneur de son siécle & l'amour de son peuple, fut aussi le bienfaiteur de ces familles immenses qui se perpétuent aux dépens de l'Etat. Nombre d'Eglises & de Monastéres, dont l'énumération seroit très-déplacée dans cet Essai, furent bâtis par ses soins. Sa premiére femme, *Judith* de Bretagne, signala aussi son zèle par des fondations & de grandes libéralités qu'elle fit aux Prêtres & aux Moines. Après la mort de cette Princesse, il se remaria à *Estrite*, sœur du Roi *Canut*, qu'il répudia, comme on a dit dans le Chapitre précédent, pour épouser *Poppie* ou

*Papie*, ou *Pavie*. Il laissa de la premiére *Richard III*, *Robert*, Comte d'Hiémes; *Guillaume*, qui fut Religieux à Fécamp; *Alix*, mariée à *Renaud*, Comte de Bourgogne, & *Eléonor*, femme de *Baudouin IV*, Comte de Flandre. On ne lui connoît pas d'enfans de la seconde Duchesse; mais il eut de *Poppie*, *Guillaume* Comte d'Arques, & *Mauger* Archevêque de Rouen; il mourut en 1026, emportant les regrets de ses sujets, & l'estime de ses voisins. Si l'on peut s'en raporter aux Historiens du tems, il fit paroître, aux derniers momens de sa vie, une marque de foiblesse, qui ne seroit pas pardonnable aujourd'hui. Il voulut, dit-on, recevoir la discipline des mains des Religieux de Fécamp.

1026.

Je ne raporte ce trait que pour faire connoître l'esprit, ou plutôt la démence de ce siécle grossier.

## CHAPITRE XVII.

*Rebellion du Comte d'Hièmes contre son frere Richard III. Mort de ce Duc.*

Richard III porta sur le trône de son pere des qualités qui promettoient beaucoup pour sa gloire & pour le bonheur de son peuple ; mais il n'eut pas le tems d'en faire usage. *Robert*, son frere, Comte d'Hièmes, jaloux de sa puissance, se révolta contre lui, & moyennant les secours qu'il reçut de divers Seigneurs attirés à son parti, il s'empara de Falaise. Le Duc ne tarda guére à la reprendre, & éteignit par ce succès le feu de la guerre civile, en forçant *Robert* de se contenter de ce que son pere lui avoit laissé.

1027.

On se défia de la sincérité de cet accommodement ; car peu de tems après le Duc fut saisi à Rouen d'une maladie violente, dont il mourut dans le tems même que son frere se trouvoit

1028.

auprès de lui, ce qui fit jetter de violens soupçons sur ce dernier.

*Richard III* laissa trois enfans bâtards, dont un fils, nommé *Nicolas*, qui fut Abbé de Saint Ouen, & deux filles mariées, l'une à *Gautier de Saint Valery*, & l'autre au Vicomte de Bayeux.

ROBERT II

# ROBERT II dit LE LIBÉRAL,

## ou le Magnifique,

*Sixiéme Duc de Normandie.*

## CHAPITRE XVIII.

*Démêlés de* Robert II *avec l'Archevêque de Rouen son Oncle, puis avec l'Evêque de Bayeux.*

Robert II passeroit pour l'un des Souverains les plus accomplis de son siécle, sans le parricide dont il fut soupçonné à l'égard de son frere. Ce crime ne fut jamais avéré ; mais une accusation aussi atroce ne fait que trop voir qu'on le croyoit capable des entreprises les plus violentes pour parvenir à ses fins. Quoi qu'il en soit, la modération avec laquelle il gouverna, fit bien-tôt oublier les soupçons odieux intentés contre lui. L'esprit remuant &

D

1028. inquiet de *Robert*, son oncle, Archevêque de Rouen & Comte d'Evreux, lui suscita d'abord des troubles domestiques. Ce Prélat ayant vu prendre sa ville d'Evreux par les troupes de son neveu, se réfugia en France, & osa excommunier son Souverain.

Cette insolence des Prêtres envers les têtes couronnées, étoit alors commune en Europe. Les Papes mêmes en donnoient souvent le funeste éxemple. On se souvient encore avec indignation des procédés détestables du Pape *Grégoire V*, contre le Roi de France *Robert*. Ce Monarque qui ne les avoit pas oubliés non plus, & qui desiroit reconnoître les services que la Normandie lui avoit autrefois rendus, étouffa dès sa naissance l'incendie causé par les foudres de l'Eglise, & moyenna une prompte paix entre l'Archevêque & le Duc.

Cette guerre apaisée, *Robert II* en eut, dès la même année, une nouvelle contre un autre Prélat son sujet aussi. *Hugues*, Evêque de Bayeux, soutenu par les Comtes d'Alençon & du Perche, tous deux vassaux du Duc, & tous deux aspirans à l'indépendance, leva l'étendart de la rebellion. Le Duc marcha contre les révoltés avec de grandes forces, assiégea le Comte d'Alençon jusques dans sa Capitale, & les força tous à lui demander pardon. Le brave *Saint Sauveur*, Vicomte du Cotentin, donna dans cette guerre civile plusieurs marques de cette valeur & de cette prudence qu'il avoit autrefois employée contre les Anglois & contre les Chartrains.

## CHAPITRE XIX.

*Robert II rétablit le Comte de Flandres, puis fait couronner Henri I.*

Robert II, après avoir rétabli le bon ordre & la tranquillité dans l'intérieur de ses Etats, se montra, à l'exemple de ses prédécesseurs, le protecteur des Princes oprimés. Il rétablit, après mille actions de valeur, son beau-frere *Baudouin IV*, Comte de Flandre, qui avoit été détrôné par son propre fils. Cette expédition glorieuse tourna sur lui les regards de toute l'Europe.

1030.

1031. Vers ce tems mourut le Roi *Robert*. Sa veuve, *Constance*, voulut mettre sur le trône son second fils *Robert* au préjudice de *Henri*. Elle eut l'adresse de faire entrer dans son parti presque tous les grands du Royaume. Le malheureux *Henri* dénué de ressources, vint se jetter entre les bras du Duc de Normandie ; ce vassal généreux se fit honneur de protéger celui qui devoit être son maître, & lui fournit des secours si puissans, qu'il l'établit sur le trône. Je passe legérement sur les événemens de cette guerre, parce qu'il n'est pas de mon plan d'embrasser tous les détails ; il me suffit de dire que *Henri I.* fut si satisfait des services importans que lui rendit le Normand, qu'il lui donna pour récompenſe les villes de Chaumont & Pontoiſe, avec preſque tout le Véxin François.

## CHAPITRE XX.

*Le Duc force les Bretons à lui rendre l'hommage. Guerre malheureuſe contre le Comte de Ponthieu.*

Robert, au retour de la derniére guerre, aprit que le Duc de Bretagne, *Alain III*, refuſoit de rendre l'hommage & ſe préparoit à attaquer les frontiéres de Normandie, ſi l'on faiſoit mine de vouloir l'y forcer.

Le Normand, à cette nouvelle, ſe transporte en Bretagne, prend & pille la ville de Dol, ſaccage le plat-pays, puis revient en Normandie, laiſſant le commandement de ſes troupes à *Néel de Saint Sauveur*, & à un Chevalier de haute réputation, nommé *Auvray* (20) *Gigaut*.

1032.

___

(20) *On verra au Chapitre des fondations ſous*

Le Duc de Bretagne, par une manœuvre auſſi ſçavante que hardie, trompe la vigilance de ces deux Généraux, & tombe avec une armée ſur la Baſſe-Normandie. Cette diverſion mit le pays dans un danger éminent. Mais les deux Capitaines Normands l'atteignirent bien-tôt par une marche prompte & habile, & le forcérent d'en venir aux mains auprès de Pont-Orſon [21]. On vit dans ce combat tout ce que peuvent la bravoure & la rivalité, ſoutenues de la prudence. Le Vicomte de Cotentin s'y comporta, ſelon ſa coutume, en ſoldat intrépide, comme en ſage capitaine. Son vaillant Collégue ne ſe diſtingua pas moins, le courage & l'habileté que montra le Duc de Bretagne dans cette ſanglante action, méritent les plus

1052.

---

Guillaume le Conquérant, *ce même Gigaut endoſſer le froc à Ceriſi : mais ce Chapitre n'y eſt pas. Editeur.*

(21) *D'autres diſent que l'affaire ſe donna auprès de Carrouge.*

grands éloges. Enfin l'on peut dire qu'il se passa réciproquement des traits de valeur, qui couvrirent les deux partis de gloire ; il y avoit déja plusieurs heures que le combat duroit, avec un acharnement & un succès égal, lorsque la garnison de Pont-Orson * fit sur les Bretons une sortie si brusque, qu'elle décida promptement l'affaire en faveur des Normands, qui eurent la victoire la plus complette.

Attention à la note 21.

Cet événement sanglant humilia les Bretons, & ne produisit aux Normands qu'un vain hommage.

*Robert II* fut moins heureux dans la guerre qu'il fit (on ne sçait pour quel sujet) à *Enguerrant I*, Comte de Ponthieu. Trois mille Normands, sous la conduite de *Gillebert Crépin*, furent taillés en piéces par les troupes de ce Comte, & cet échec détermina le Duc de Normandie à la paix, d'autant plus qu'il méditoit d'autres desseins.

Vers 1033.

## CHAPITRE XXI.

*Desseins de* Robert II *sur l'Angleterre*, &c.

Canut II, surnommé *le Grand*, le plus redoutable Roi qui eût gouverné depuis long-tems l'Angleterre, avoit entiérement dépouillé *Alfred*, & *Édouard* fils *d'Emme*, tante du Duc *Robert II*. Ces deux jeunes Princes se réfugiérent à la Cour de Normandie, & implorérent l'assistance de leur cousin. *Robert*, touché de leur infortune, se flatta que sa recommandation auroit quelque pouvoir sur l'esprit de *Canut*; il envoya une ambassade à ce Monarque, afin d'obtenir quelque faveur pour les deux Princes. *Canut* reçut les Députés, dans un tems où il se sentoit si bien affermi sur le trône, qu'il crut pouvoir rejetter les sollicitations du Duc de Normandie. *Robert*, piqué de ce refus, résolut d'en tirer raison, & ce fut cette résolution qui

1033.

l'engagea à mettre fin à la guerre qu'il faisoit au Comte de Ponthieu ; il fit équiper à Fécamp une puissante Flotte, sur laquelle il s'embarqua lui-même avec l'élite de sa Noblesse & une nombreuse armée pour faire une descente en Angleterre. Une tempête furieuse battit ses vaisseaux près de l'Isle de Garnezay, en fit périr le plus grand nombre, & le força de relâcher dans ses ports.

Ce qui prouve bien à quel degré de puissance la Normandie étoit alors montée, c'est que malgré ce terrible échec, *Canut* allarmé de l'entreprise du Duc, & s'attendant à la lui voir bien-tôt renouveller, prit le parti de l'apaiser, en lui offrant pour ses deux cousins une partie de la Province de Wessex.

## CHAPITRE XXII.

*Amours du Duc Robert II. Son fils. Son pélerinage. Sa mort. Son caractére.*

Robert II, qui s'étoit montré long-tems insensible à toutes les attaques de l'amour, ne put enfin défendre son cœur des charmes ingénus de la fille d'un Pelletier de Falaise, que l'Histoire apelle *Harlot*, terme qui signifioit & signifie encore aujourd'hui en Anglais *Concubine* ou *Femme publique*. Cette jeune bourgeoise fut trop flattée de l'amour de son Souverain pour y résister long-tems. Ses Parens même se prêtérent à ce commerce d'intrigues, (22). De leurs amours nâquit ce fa-

1025.

---

(22) *Comme le devoir d'un Historien ne se borne pas à raporter de simples faits, mais qu'il doit s'attacher aussi à faire connoître l'esprit & les mœurs du tems dont il écrit ; pour donner ici une idée du goût avec lequel on écrivoit dans le douziéme siécle, je vais transcrire un passage tiré d'un Manuscrit de l'an 1200, mis au jour*

meux *Guillaume le Conquérant*, que nous verrons surpasser la gloire de tous ses Prédécesseurs.

1026.

*Robert* fit reconnoître ce bâtard quand il fut entiérement résolu de faire le voyage du Levant ; disant qu'il étoit certain qu'il provenoit de *son engendrement*. Ce n'est pas peu, dit le bon *Masseville*, de

1034.

---

*à la fin du seiziéme siécle par* Nagerel, *Archidiacre de Rouen. L'Auteur parle de la premiére nuit que le Duc* Robert *passa avec sa maitresse ;* " *& quand la nuict fust venue, ladite Arlette fust menée en la chambre du Duc & eux deux enfermés, le Duc se coucha, & quand la pucelle fust dépouillée de ses habits, elle entra au lit avec sa chemise, & comme le Duc se voulust aprocher, elle prinst sa chemise par le collet & la fendit tout au long ; puis s'abandonna au Duc qui s'enquit pourquoi elle faisoit cela, & qu'elle ne l'avoit despouillée par-dessus sa teste. Elle répondit que ce n'estoit pas chose honneste que ce qui touche à mes pieds & jambes passe par-devant vostre visage ; de ceste response le Duc luy sceust moult gré, & l'en ayma mieux. Quand le Duc eust faict d'elle à son gré Arlette s'endormist, &c.* " Il faut avouer que les moines qui nous ont transmis ces faits importans, & que sans doute ils tenoient de bonne part, n'étoient pas ennemis des détails!

pouvoir assurer semblable chose ; le Duc après avoir pris cette précaution nécessaire pour assurer l'état de son fils, partit pour la Palestine, dans le dessein d'expier ses fautes par ce pélerinage, comme si un Prince ne pouvoit pas faire d'autre pénitence que celle-là. Il mourut dans le cours de ce voyage, & recommanda très-fort à son Chambellan, nommé *Toustain*, de ne pas manquer de porter en Normandie certaines Reliques qu'il avoit chérement achetées. C'étoit-là une singuliére façon de réparer les maux que son absence faisoit naître dans ses Etats.

1035.

Les Historiens qui ont parlé de ce Duc, nous le dépeignent très-prudent, très-courageux, & très-libéral. Cette derniére qualité qu'il poussoit jusqu'à la profusion, lui fit donner le surnom de *Magnifique*.

Ses vertus ne furent pas sans-mélange, des emportemens fréquens, un naturel porté à la vengeance en ternirent un peu l'éclat, & ne servirent pas peu à fortifier les soupçons affreux qu'on avoit conçus touchant la mort de son frere.

A la nouvelle de la mort de Ro- 1035. bert II, on accusa ses domestiques de l'avoir empoisonné aussi, mais jamais accusation ne fut si fort dénuée de fondement & de vérité.

## CHAPITRE XXIII.

*Famines & Incendies du tems du Duc Robert II.*

LEs derniéres années du régne de Robert II furent fertiles en malheurs dans tout le Royaume de France; car, outre les guerres intestines qui le déchiroient, il survint une famine horrible qui enleva le quart des habitans, & la Normandie ne fut pas éxempte des ravages qu'elle causa. Pour surcroit de malheur, la plûpart des Villes n'étant bâties que de bois, le feu en réduisit plusieurs en cendres. Paris, Rouen,

1032. 1034. & 35.

(23) Chartres, Corbeil furent presque toutes consumées par ces accidens, & en général il y eut peu de Villes en France & en Allemagne, qui, dans le siécle précédent & dans celui-ci, ne souffrissent pareille désolation.

## CHAPITRE XXIV.

*Fondations de* Robert II. *Etat de l'Eglise de Normandie sous la domination de ses Ducs, au dixiéme siécle & au commencement du onziéme.*

Robert II se conforma à l'éxemple de ses Prédécesseurs & aux principes de piété répandus dans ce tems-là. Bien des Abbayes qu'il est inutile de nommer, furent fondées par ses

---

(23) *J'ignore pourquoi* Farin *dans son Histoire de Rouen, à l'article des embrasemens, a omis celui-ci, qui est arrivé vers l'an 1034. & qui est attesté par des Auteurs très-dignes de foi, dont je serois bien une liste assez longue si elle pouvoit être de quelque utilité, mais je me contenterai de nommer* Mezeray.

libéralités. Beaucoup de Seigneurs suivirent en cela les traces du Souverain, entr'autres le Comte *Helloüin*, issu des anciens Capitaines Danois compagnons de *Rollon*, & dont la mere étoit de la maison des Comtes de Flandres. Ce Seigneur frapé du danger éminent qu'il avoit couru au combat malheureux donné contre le Comte de Ponthieu, & se voyant réchapé par une espéce de miracle, fit vœu après l'action de prendre la régle de *saint Benoît*, & fonda le Monaftére du Bec, dont il fut le premier Abbé, & où il mourut en odeur de faintete.

1034.

Après avoir parlé de toutes cés fondations, je crois qu'il ne sera pas hors de propos de dire un mot touchant la maniére dont l'Eglise de Normandie étoit gouvernée au dixiéme & au commencement de l'onziéme fiécle.

*Masseville* se plaint de ce qu'il y eut dans ces tems de ténébres beaucoup de Prélats qui, pour toute science, se contentoient de connoître leurs revenus.

Un peu de connoissance de ce qui se passe dans la monde, suffit pour nous prouver qu'il n'est pas besoin de remonter aux siécles que nous apellons *d'ignorance*, pour trouver des Ecclésiastiques de cette trempe, mais en bien plus petit nombre. (24)

Le Siége de Rouen ne fut pas éxempt des scandales qui souilloient alors pres-

―――――――

(24) *Lorsque j'entrepris cet Ouvrage, j'eus principalement en vue l'éxactitude & la vérité. C'est cette même vérité qui m'a contraint de raporter sans déguisement ces débordemens atroces de l'ancien Clergé de Normandie & de France en général. Ces recits affreux soulèvent les cœurs honnêtes, mais ils servent aussi à faire briller auprès des vices de leurs Prédécesseurs les mœurs des Ecclésiastiques de nos jours, qui tous, sans en excepter que le plus petit nombre, (restriction nécessaire à l'intérêt de la vérité) donnent l'éxemple de la vertu la plus rigide & la plus estimable. Eh! quels hommages ne doit-on pas au corps illustré par l'éloquent* Bossuet, *l'aimable* Fénelon, *le brillant* Fléchier, *le sçavant* Huet, *l'élégant* Polignac, *& par tant d'autres Grands Hommes, la lumière de l'Eglise & l'honneur de leur siécle! J'ai fait cette remarque pour ceux que les anciens déréglemens du Clergé auroient pû trop prévenir contre ce Corps respectable.*

que toutes les Eglises, & que les Papes mêmes sembloient souvent autoriser par leur mauvaise conduite. L'Archevêque *Hugues II* se comporta si indignement, que la mémoire est encore en horreur. On a vu avec quelle audace son successeur *Robert I*, excommunia son Souverain après lui avoir fait la guerre. Ce Prélat qui eut le Comté d'Evreux en partage après la mort de son pere *Richard sans-Peur*, crut qu'en qualité de Comte il pouvoit se marier. Il épousa une Dame  de distinction dont il eut plusieurs enfans qu'il enrichit aux dépens de son Eglise. Le Clergé Normand ayant sous les yeux l'éxemple du Chef, se plongea alors dans les derniers excès. Il y a aparence que sans la piété ferme & éclairée de quelques Evêques de Normandie, il auroit été très-difficile de réprimer ces débordemens.

942.

1028.

996.

* Elle senommoit Herbere.

## CHAPITRE XXV.

### CONQUESTES DES NORMANDS EN ITALIE.

*Délivrance de Salerne par des Gentils-hommes Normands.*

Avant d'entamer le régne de *Guillaume le Conquérant*, il est à propos de jetter un coup d'œil sur ces expéditions fameufes qui étonnérent alors toute l'Europe.

Lorfque *Charlemagne* fut Couronné Empereur d'Occident, cet honneur ne lui donna que ce que fes armes pouvoient lui affurer. Ses grandes prétentions fur le Duché de Bénevent comprenant alors une grande partie des Etats qui compofent aujourd'hui le Royaume de Naples, furent rendues inutiles par la réfiftance opiniâtre des Ducs de Bénevent, plus heureux que les Rois Lombards. (25) La Pouille,

---

(25) *On fçait que* Didier, *dernier Roi des*

la Calabre, la Sicile, divisées & subdivisées en une infinité de petites Souverainetés, & de petites Républiques, furent en proie aux incursions des Sarrasins qui en prirent bien-tôt une grande partie. Vers la fin du dixiéme Siécle ils possédoient toute l'Isle de Sicile, avec plusieurs Châteaux dans la Pouille & la Calabre. Le Catapan (c'est-à-dire Gouverneur) qui y commandoit pour les Empereurs Grecs qui en étoient les maîtres, ne put empêcher ces progrès rapides, parce que les Latins possesseurs de Bénevent & de Capouë, l'occupoient d'un autre côté par des guerres continuelles. De sorte que de la Riviére du Garillan, & de la Ville de Gaïete jusqu'à celle d'Otrante, c'est-à-dire dans la longueur de plus de cent vingt lieues, l'Italie n'étoit plus qu'un vaste théâtre de guerres, de brigandages, de barbarie, sans qu'on vît briller

1000.

―――――――――――

*Lombards, fut détrôné, & son Royaume détruit par* Charlemagne.

aucune étincelle de génie ni de vertù qui pût adoucir un peu la dureté de ces tems misérables.

Le goût des Pélerinages & des Avantures de Chevalerie étoit alors fort en vogue. Environ soixante Gentilhommes Normands étant partis de leur pays vers l'an 1000, pour aller à Jérusalem, passèrent à leur retour sur la Mer de Naples & relâchérent à Salerne dans le tems que cette place, pressée par une armée d'Arabes, venoit d'acheter leur retraite à prix d'argent. Ils trouvérent les habitans occupés à faire la somme de leur rançon, & les infidèles sans défiance abandonnés dans leur camp à la débauche & à la joie la plus effrenée. Ces avanturiers reprochent aux Salernitains la lâcheté de leur soumission, & s'offrent généreusement pour leur défense à leur Duc *Wainalhio*, que nous apellons *Gaimar*. On peut bien croire que leur secours ne fut pas rejetté. Cette poignée d'étrangers marchant avec audace au milieu de la nuit, suivie seu-

1000.

lement de quelques volontaires de la ville, fond dans le camp des Mahométans, les charge avec vigueur, & contraint à se rembarquer à la hâte tout ce qui échape au carnage.

A la pointe du jour les Normands rentrent dans la Ville avec la gloire d'avoir défait en si petit nombre près de quinze mille Sarrasins, & d'avoir non-seulement sauvé les richesses de Salerne, mais d'y ajouter encore les précieuses dépouilles de l'armée ennemie. Ils sont reçus en triomphe au milieu des acclamations & des marques d'allégresse d'un peuple qui s'empresse de jouir de la vue de ses libérateurs. Le Duc ne sçait comment récompenser dignement la valeur & la générosité de ces Gentilhommes, & s'il est étonné de leur brillante victoire, il ne l'est pas moins de leur rare désintéressement.

Quelques instances qu'il fasse pour les engager à recevoir les riches témoignages de sa juste reconnoissance, les Héros persistent toujours à remercier,

Les priéres du Prince & les vœux du peuple ne peuvent pas même les retenir. Le defir de revoir leur patrie, & d'y raconter eux-mêmes leurs glorieux Exploits l'emporte fur toute autre confidération ; mais ils ne partent qu'après avoir bien promis de revenir ou d'envoyer quelques-uns de leurs plus braves compatriotes.

## CHAPITRE XXVI.

*Arrivée d'Ofmont en Italie. Exploits des Normands fous la conduite de Melus. Mort de* Turftin Ciftel. (26)

Toute l'Europe retentit de l'expédition finguliére de ces Pélerins guerriers, & le nom Normand en acquit la plus haute réputation. L'émulation de la Nobleffe Normande fut ex-

---

(26) *Ciftel n'étoit qu'un fobriquet, qui n'eft donné à* Turftin *que par le plus petit nombre des Hiftoriens ; c'eft pourquoi je l'apellerai fouvent par fon nom tout court.*

citée par cette action admirable. *Drencot Osmond* obligé de fuir sa patrie, parce qu'il avoit tué en presence du Duc même, un Chevalier nommé *Guillaume Repostel* qui l'avoit insulté dans son honneur, voyant une si belle porte ouverte en Italie, y vole avec une troupe nombreuse de Volontaires choisis qui s'attachent à sa fortune. Arrivés en Italie, ils se dispersent bien-tôt & s'offrent, partie au Duc de Salerne, partie au Prince de Capouë, mais le plus grand nombre entre au service de *Mélus*, Duc de Bary.

*Mélus* avec ces nouveaux Alliés, gagna trois grandes Batailles contre le Catapan qui vouloit envahir ses Etats, mais le fruit de tant de victoires fut perdu dans un quatriéme combat qui se donna près de Cannes, lieu déja célébre par la défaite des anciens Romains. Cette disgrace affoiblit tellement le parti de *Mélus*, que ce Seigneur, après avoir recommandé ses Normands à *Pandolfe de Sainte Agathe*, Prince

Vers 1028.

de Capouë & à *Gaimar*, Duc de Salerne, courut au lieu de combattre, employer le tems à négocier dans les Cours voisines, & sur-tout en Allemagne où il mourut deux ans après sa défaite.

Quelques Normands de son parti, à la nouvelle de cette perte cruelle, se dispersent & se mettent au service de plusieurs Seigneurs Lombards ; mais le plus grand nombre se réunit sous un chef auquel les Histoires donnent le nom de *Turstin Cistel*, homme dont on raporte des traits de bravoure & de force qui surpassent l'imagination.

Sous la conduite de ce nouveau Capitaine, les Normands font des actions de valeur étonnantes, & leur nom devient la terreur des barbares qui désoloient l'Italie par de fréquentes incursions.

Les naturels du pays ne payent tant de bienfaits que par la plus noire ingratitude, ils refusent à leurs Défenseurs jusqu'à la paye militaire, & leur ôtent

ôtent par-là l'unique reſſource qui leur reſtoit pour s'entretenir. Les Normands juſtement indignés, tournent leurs armes contre ces Maîtres ingrats, & les forcent bien-tôt à ſe conduire envers eux avec plus de ménagement. Les Italiens preſſés, promirent tout ce qu'on voulut; mais par le plus lâche artifice ils menérent un jour *Turſtin* dans un lieu où ſe retiroit un prodigieux ſerpent avec une multitude d'autres animaux terribles. Lorſqu'ils aperçurent le monſtre qui commençoit à s'aprocher, ils s'écartérent ſans avertir *Turſtin* du péril. Le Normand étonné de cette retraite précipitée, en demandoit la raiſon à ſon Ecuyer reſté ſeul auprès de lui, lorſqu'il découvre le Dragon furieux qui veut fondre ſur lui. Loin d'être allarmé ou de chercher ſon ſalut dans une prompte fuite, il court ſur le monſtre l'épée à la main & le tue à force de coups; mais l'haleine infectée de ce terrible animal, l'em-

Vers 1030.

E

poisonna, & ne le laissa survivre que trois jours à sa victoire.

## CHAPITRE XXVII.

*Continuation des exploits des Normands jusqu'à la fondation d'Averse.*

APrès la mort de *Turstin*, les Normands s'élurent pour Chefs *Richard de Quarrel* & *Ranulphe*, qui prirent les armes ouvertement contre les Lombards, pour venger leur prédécesseur. On ne put les apaiser que par des cessions considérables. *Sergius*, Duc de Naples, qui avoit asservi la République naissante, mais qui venoit d'être dépouillé de ses Etats par *Pandolphe de Sainte Agathe*, Prince de Capouë, fut trop heureux d'obtenir le secours de ces étrangers qui le rétablirent ; pour prix de cet important service, il leur donna plusieurs Châteaux avec un territoire assez étendu, sur lequel ils bâtirent la Ville d'Averſe. Ce fut la premiére Souveraineté acquiſe en Italie par leur valeur. 1031.

## CHAPITRE XXVIII.

*Arrivée des fils de Tancréde. Alliance des Normands avec les Grecs. Bataille de Syracuſe.*

RAnulphe ſongeant à s'affermir dans ſon nouvel établiſſement, envoye des émiſſaires (27) en Normandie pour ſolliciter ſes compatriotes à venir goûter avec lui les douceurs d'un pays où l'on étoit en aſſez beau chemin pour pouvoir eſpérer de s'en rendre maître entiérement. Cette démarche attire en Italie beaucoup plus de Normands qu'il n'y en étoit encore venu, & c'eſt avec ces derniers qu'arrivent *Guillaume*, ſur- 1032.

(27) *Quelques Hiſtoriens aſſurent qu'il ſe donna des airs de Prince, en envoyant des Ambaſſadeurs au Duc de Normandie pour demander des renforts.*

nommé *Fier-à-bras*, *Drogon* & *Onfroy*, tous trois fils de *Tancréde de Hauteville*, Gentilhomme du Cotentin. La nouvelle Colonie d'Averse reçoit par ce renfort un accroissement de puissance qui donne de l'ombrage à ses voisins.

1032.

Quelques-unes de ces petites dominations qui divisoient la Lombardie à l'infini, se liguent contr'elle; mais n'étant apuyées du secours d'aucun Etat considérable, & manquant d'intelligence entre soi, elles furent obligées d'implorer la paix qu'elles avoient rompue.

1033.

La gloire des Normands reçut un nouveau lustre de cet événement. Tous leurs voisins recherchérent leur alliance avec la plus grande ardeur. Le Catapan *Georges Maniacès* chargé par l'Empereur Grec *Michel Paphlagonien*, de chasser les Sarrasins de la Sicile, s'empresse sur-tout de les rendre favorables à son dessein. Il fit tant par ses promesses, qu'il en obtint trois cens hommes déterminés, sous le commandement de *Guillaume Fier-à-bras* qui avoit ses deux freres avec lui.

1034.

1035.

*Maniacès* ayant reçu ce renfort, non sans beaucoup de joye, fit voile incessamment pour la Sicile. La Flotte cingla heureusement jusqu'à Messine qu'on assiégea presqu'aussi-tôt après le débarquement qui se fit sans obstacle. Après un siége opiniâtre, & dont presque tout le succès fut dû aux Normands, la Ville capitula. *Maniacès* fit de grands présens & des promesses encore plus grandes à ses braves Alliés pour les engager à le suivre dans toute son expédition. On avança jusqu'à Syracuse où l'armée des Sarrasins, forte de soixante mille hommes, fondit inopinément sur les Grecs qui n'étoient guére moins nombreux, & les mit en désordre. *Fier-à-bras* plus surpris qu'effrayé de la mauvaise résistance des Grecs, se jette en désespéré au milieu des Sarrasins qui chantoient déja victoire, tuë de sa propre main leur Général *Arcadius*; & suivi des seuls Normands qui firent tous paroître dans cette action un courage héroïque, il enfonce les troupes enne-

Vers 1036.

mies, donne le tems aux Grecs de se remettre en ordre, & d'arracher aux Arabes une victoire qu'ils regardoient comme certaine.

## CHAPITRE XXIX.

*Rupture de l'alliance des Normands & du Catapan. Victoires & Conquêtes de ces derniers sur les Grecs jusques vers 1640.*

LA Sicile alloit rentrer sous la domination des Grecs s'ils n'eussent pas été ingrats, mais le Catapan craignit ces Normands qui le défendoient. Il les priva de la part de butin qui devoit leur revenir après la victoire qu'ils lui avoient donnée, & leur fit de plus essuyer mille outrages sanglans. *Fier-à-bras*, irrité de ce traitement, jure avec tous ses compagnons de mourir plutôt que de rester dans l'armée du Catapan. Il eut l'adresse de les faire rembarquer pour l'Italie, malgré la vigilance avec laquelle ils étoient observés par les Grecs. La nouvelle de leur départ jetta la consternation dans le cœur de Maniacès qui prévit bien que les injustices & les affronts qu'il leur avoit faits ne resteroient pas sans vengeance.

En effet, les Normands à leur retour engagent dans leur querelle leurs Compatriotes d'Averse. Ils en reçoivent bien-tôt un secours considérable, avec lequel ils tombent sur les Etats du Catapan, & se rendent maîtres en peu de tems de Melphes, Venose, Ascoli, Labella, & de presque toute la Pouille. Il paroît incroyable que leur Armée dans laquelle, avant l'arrivée de *Guiscard*, on ne compta jamais plus de sept cens Normands, ait fait en aussi peu de tems des Conquêtes aussi étendues. Mais à chaque pas qu'ils faisoient ils engageoient par beaucoup de douceur & de promesses les vaincus à se joindre à eux, à l'éxemple des anciens Romains qui se servirent souvent des Gaulois pour dompter les Gaules. De

1036.

plus, tous les avanturiers de la Basse-Italie, & principalement de la Calabre, qui cherchoient fortune par le courage, ne demandoient pas mieux que de se joindre aux Normands, & devenoient bons Soldats sous de tels Maîtres.

On étoit surpris de la négligence avec laquelle les Grecs se laissoient prendre leurs possessions en Italie. Ils ouvrirent enfin les yeux & ramassèrent toutes leurs forces au nombre de plus de soixante mille hommes qu'ils envoyèrent contre les Normands sous la conduite de *Duclion*. L'armée Normande (28) n'étoit que de cinq cens hommes d'Infanterie & de sept cens Cavaliers. Les trois fils de *Tancrède* étoient à la tête de cette vaillante Troupe, qui, sans

———
1041.

---

(28) *Je dis* Normande, *parce que la guerre se faisoit au nom des Normands ; mais de ces douze cens hommes il n'y en avoit pas plus de quatre cens de cette nation, dont plus de deux cens Gentilshommes, le reste étoit l'élite des Italiens qui s'étoient attachés à eux.*

sans faire attention à l'énorme différence du nombre, attendoit l'heure du combat avec la dernière résolution. Ce moment critique arrive enfin. Les Historiens ne nous disent pas précisément en quel lieu on en vint aux mains, mais il y a aparence, par les circonstances du combat, que ce ne fut pas loin d'une rivière nommée l'Offanto ; au reste, ce n'est qu'une conjecture. On sçait seulement que la position des Normands étoit très-avantageuse, & qu'il étoit difficile d'en trouver une plus mauvaise que celle des Grecs. Ceux-ci avoient encore une manière de combattre si défectueuse qu'elle rendoit inutile la supériorité du nombre. C'étoit de ne faire donner qu'une légion à la fois, qu'ils relevoient de tems en tems, prétendant affoiblir & fatiguer par cette manœuvre leurs ennemis, sans faire réfléxion que le premier succès des armes augmente les forces au lieu de les diminuer, & ne coûte que la peine de vaincre dont les vainqueurs se lassent rarement.

Tant de désavantages du côté des Grecs, oposés à la bonne contenance & bonne position des Normands, firent disparoître la distance prodigieuse des deux armées. Dans le combat que le grand nombre des Grecs, & l'intrépidité de leurs adversaires, rendirent très-opiniâtre & très-long, ceux-ci vinrent à bout de mettre leurs ennemis en fuite.

*Duclion* entraîné dans la déroute de ses gens jusqu'à l'Offanto, en rallie quelques-uns auprès de cette riviére, & veut soutenir le choc des Normands, qui l'avoient poursuivi jusques-là. Mais tous ses efforts furent inutiles, & pour échaper à la mort ou à la captivité, il lui fallut fuir encore & traverser promptement la riviére. Plusieurs milliers de Grecs se noyérent malheureusement, & du champ de Bataille jusqu'à l'Offanto, la terre étoit jonchée de leurs morts.

## CHAPITRE XXX.

*Nouvelle victoire. Mauvais succès occasionnés par la mésintelligence qui survient entre les Normands & leurs Alliés. Mort de Maniacès.*

LA Cour de Constantinople fut extrêmement affligée de ce désastre. *Duclion* fut disgracié, & l'on fit passer de nouvelles troupes en Calabre, sous le commandement d'*Exauguste de Malaterre*, surnommé *Annon*. Ce Général étoit fils de celui qui avoit battu les Normands au quatriéme combat qu'ils avoient livré, sous la conduite de *Mélus* de *Bary*. Cette naissance d'*Annon*, jointe à son habileté, sembloit un heureux présage pour les Grecs qu'il commandoit. On en vint bien-tôt proche Monte-Piloso à une action également desirée des deux partis. Les Normands qui cette fois n'étoient pas commandés par les fils de *Tancréde*, leurs Chefs or-

1044.

E 6

dinaires, mais par *Athénolphe*, fils du Duc de Bénevent, eurent d'abord du deſſous. L'armée Grecque, quatre fois plus nombreuſe que la leur, pourſuivoit vivement ſon avantage, & l'on n'avoit plus d'eſpérance qu'en *Guillaume Fier-à-bras*, qui n'ayant pû combattre à cauſe d'une fiévre quarte qui le tourmentoit extrêmement, s'étoit fait porter dans un endroit d'où il pouvoit tout voir, ſeulement conſervant auprès de lui quelques amis & quelques Soldats choiſis, capables d'un coup de main dans le beſoin. Ce guerrier intrépide voyant plier les ſiens, éprouve un ſentiment de dépit & de fureur qui lui fait oublier ſon mal. Il prend les armes ſur le champ, vole avec ſa troupe au lieu du combat, & ſe jette dans le plus fort de la mêlée où il anime ſes Soldats par l'éxemple & par la parole. L'action devient plus vive que jamais, les Grecs voulant conſerver la Victoire que les Normands s'efforcent de leur arracher. Alors un Normand, dont l'Hiſtoire ne nous a pas conservé le nom, voyant *Mala-terre-Annon*, qui voltigeoit de rang en rang pour donner ses ordres, court à lui à toute bride & le fait prisonnier. Cette capture abat le courage des Grecs qui sont bien-tôt obligés de fuir avec une perte très-considérable. Rien n'auroit empêché les Normands après cette seconde victoire de s'emparer du reste des terres du Catapan, sans la mésintelligence qui se mit entr'eux & leurs Alliés, & qui donna aux Grecs le tems de reprendre haleine & de lever une nouvelle Armée, dont le commandement fut confié à *Maniacès*, qui fut à cet effet retiré de la prison où la Cour de Constantinople l'avoit fait enfermer quelque tems auparavant, pour les mécontentemens qu'il avoit donnés.

1045.

Ce Catapan signala son Généralat par des cruautés inouies, & répandit la terreur dans le pays.

Les Normands affoiblis par la défection d'une grande partie de leurs troupes auxiliaires, ne purent tenir la

Campagne devant *Maniacès*, & se retirérent dans quelques places de ceux qui leur restoient attachés ; mais la brouillerie qui survint entre la Cour de Constantinople & le Catapan, les délivra bien-tôt de cet ennemi terrible qu'un Grec assassina pour faire sa cour à l'Empereur *Constantin Monomaque*.

## CHAPITRE XXXI.

*Etablissement des Normands dans la Pouille. Mort de* Fier-à-Bras. *Arrivée de* Robert Guiscard.

LA mort funeste de *Maniacès* donna aux Normands la facilité de reprendre tout ce qu'ils avoient perdu contre lui. Pour se maintenir avec plus de sûreté, ils ne voulurent plus reconnoître d'autres Chefs que de leur nation. *Fier-à-Bras* fut nommé par eux Comte Souverain de la Pouille dans la Ville de Matere, sans consulter ni Empereur, ni Pape, ni Seigneurs voisins. Il ne consulta que ses Soldats, comme ont fait tous les premiers Rois de tous les pays, selon la juste remarque de M. de *Voltaire*. (29) Chaque Capitaine Normand eut une ville ou un village pour son partage. Ces dispositions furent suivies d'une triple alliance entre *Fier-à-Bras*, *Ranulphe*, Comte d'Averse, & *Gaimar* de Salerne, cet ancien ami des Normands.

Les Normands à peine établis dans la Souveraineté de la Pouille, eurent une guerre malheureuse contre le puissant Abbé du Mont-Cassin, mais elle ne fut pas de longue durée, parce que le Prince de Salerne, lié par des intérêts égaux à l'Abbé & aux Normands, moyenna une prompte paix.

1046.

Vers ce même-tems mourut *Guillaume Fier-à-Bras*. Un auteur contemporain * l'apelle un lion à la guerre, un

―――――――

(29) Voyez *l'Essai d'Histoire générale*, tom. 1, chap. 40.
\* *Guillaume de la Pouille*.

agneau dans la société civile, & un ange pour le conseil.

*Drogon* succéda à son frere dans la Souveraineté de la Pouille à peu près dans le même-tems que *Ranulphe* dont la mort suivit de près celle de *Fier-d-Bras*. Il laissoit son Comté d'Averse à son frere *Ascletin*, qui ne vécut pas long-tems, & qui fut remplacé par son fils *Richard*. Alors *Robert*, surnommé depuis *Guiscard*, (c'est-à-dire rusé) quitte encore Coutances avec ses deux jeunes freres pour prendre part à tant de fortune. Une foule de Noblesse Normande emmenant avec soi beaucoup de gens capables de faire de bons Soldats, les suivent dans ce voyage qui se fait sans bruit, & par petites bandes. Tout ce monde après avoir passé par Rome comme en pélerinage, non sans avoir couru grand risque d'être reconnu, arrive enfin dans la Pouille. Là ils déposent bien-tôt le bourdon pour prendre les armes.

1047.

## CHAPITRE XXXII.

*Puissance des Normands en Italie. Conspiration des Apuliens. Bataille contre les Grecs gagnée. Autre victoire sur le Pape qui est pris.*

LE nom des Normands faisoit trembler toute la Basse-Italie, sans en excepter les Papes mêmes; leurs voisins voulurent engager *Henri III* à leur faire la guerre. Mais cet Empereur assez puissant alors pour régner dans Rome même, ne le fut pas assez pour chasser les nouveaux Conquérans. Ils étoient alors maîtres du Comté d'Averse, de la moitié du Bénéventin, & de la Pouille entière. Bien loin de souffrir que l'Empereur les inquiétât, ils se firent donner par lui l'investiture solemnelle de tout ce qu'ils possédoient.

On comptoit alors en Italie environ quinze mille Normands en état de porter les armes, dont près de deux mille

1048.

Gentilshommes. La seule troupe venue à la suite de *Robert Guiscard*, faisoit bien la moitié de ce nombre. On pense bien qu'il n'auroit pas suffi pour faire la Loi aux Papes & aux Empereurs, conserver les Pays qu'ils avoient envahi, & procurer le moyen d'en conquérir d'autres, si les Normands n'avoient eu soin de faire & d'entretenir continuellement de bonnes levées dans les Etats conquis.

La Cour de Constantinople employa vainement l'adresse, la fraude, la trahison pour reprendre ce qu'elle avoit perdu en Italie. Les Normands saisis d'une juste défiance se tinrent toujours sur leurs gardes de ce côté-là. Mais ils ne se doutérent pas que les Grecs iroient jusqu'à tramer avec les habitans de la Pouille une conspiration, par laquelle il fut résolu de massacrer tous les Normands en un même jour.

Cette noire entreprise réussit en partie. Le Comte *Drogon* fut assassiné dans la ville de Montoglio, avec une bonne partie des Normands qui se trouvérent auprès de lui. La même chose fut éxécutée en divers endroits de la Pouille, & l'on tient que dix-huit cens Normands périrent en moins de trois jours par cet horrible complot, & sans la sage conduite d'*Onfroy*, il n'en seroit pas réchapé un seul de ceux qui étoient dans la Pouille.

1051.

*Onfroy* après avoir arrêté les progrès de la conjuration perfide des Grecs & des Apuliens, se prépara à en tirer la vengeance la plus éclatante. Il rassemble auprès de lui une armée très-petite à la vérité, mais capable de grandes choses, & marche à Montoglio, dont les révoltés s'étoient emparés aussi-tôt après le meurtre de son frere *Drogon*. Un secours des Normands d'Averse vient le renforcer en chemin, & s'empressa de partager l'honneur de combattre, & le plaisir de se venger. Montoglio se défendit long-tems, mais fut enfin obligée de céder aux efforts redoublés de cette troupe furieuse. Le vainqueur y fit périr par le dernier suplice le meurtrier de son frere avec ses principaux complices.

Les Grecs voyant le succès de leur infâme complot manqué, veulent en venir à la force ouverte. Une armée assez nombreuse, commandée par *Argirous*, marche contre *Onfroy*. Ce dernier Général suivi de ses seuls Normands épargne aux Grecs la moitié du chemin, les attaque avec fureur, & les met en fuite.

1052.

Tant de disgraces ne rebutent pas les perfides Apuliens. Ils viennent à bout de faire entrer l'Empereur, le Pape & plusieurs Seigneurs puissans d'Italie dans une Ligue contre les Normands. *Léon IX*, qui étoit alors assis sur la Chaire de *S. Pierre*, lance contr'eux les foudres de l'Eglise avant d'employer celles de la guerre. Alors les deux Dinasties * Normandes se réunissent plus fermement que jamais. *Onfroy*, son frere *Robert Guiscard*, & le Comte d'Averse *Richard*, chacun à la tête

*Averse & la Pouille.

1053.

d'une troupe aguerrie, se presentent devant leurs ennemis quatre fois plus nombreux. Mais les Normands étoient accoutumés à vaincre en petit nombre. Les Italiens ne purent soutenir leur choc, & furent mis en fuite presqu'aussi-tôt qu'attaqués. Mais les Allemands fournis par l'Empereur, firent une résistance qui rendit le combat long-tems douteux, à la fin l'acharnement extraordinaire des Normands les contraignit de fuir à leur tour. La troupe de *Guiscard* les poursuivit si vivement, qu'elle acheva de les tailler en piéces. *Léon IX*, qui commandoit en personne cette Armée, s'étoit sauvé dès le commencement de la déroute de ses Italiens à Civitada, Ville de la Capitanate, voisine du champ de Bataille. Les vainqueurs forcent bien-tôt cet asyle, prennent le Pape & l'emmenent dans la ville de Bénevent.

## CHAPITRE XXXIII.

*Conquête de la Calabre & de tout le Duché de Capouë. Eloge de la famille de Tancréde.*

Léon IX eut sujet de se repentir d'avoir entrepris cette Guerre injuste, sur-tout quand il vit avec quels égards le traitérent ses vainqueurs, & avec quelle infléxibilité ils le retinrent prisonnier dix mois entiers. Ce Pape qui en avoit agi avec tant de hauteur jusqu'au jour de la Bataille, devint doux comme un agneau du moment de sa captivité. Il prodigua les Indulgences à ceux qu'il avoit n'a guére excommuniés. Il reconnut Souverains légitimes ceux qu'il avoit traités de tyrans & d'usurpateurs, & leur confirma l'investiture qu'ils avoient déja reçue de l'Empereur *Henri III*.

1054.

Les Princes Normands, plus irrités contre l'Empereur qui avoit fourni des troupes que contre le Pape qui les avoit commandées, & ayant de plus intérêt de s'affranchir des droits ou prétentions des deux Empires entre lesquels ils se trouvoient, pouffent leurs Conquêtes dans la Calabre & dans le territoire de Capouë. La foibleffe du gouvernement Grec, & la mort de *Henri III.* qui ne laiffe pour fon fucceffeur qu'un fils * au berceau, leur donnent beau jeu.

*Henri IV. 1056.

Jufqu'ici je fuis un peu entré dans le détail des premiers exploits des Normands en Italie, afin de faire mieux connoître par quelles voies ils vinrent à bout d'y prendre pied; mais je ferai plus fuccinct dans la fuite du recit de leurs expéditions pour ne pas m'écarter des bornes que je me fuis prefcrites dans cet Effai. Il me fuffit de dire qu'après des avantures & des combats fans nombre, les enfans de *Tancréde* vinrent à bout de foumettre la Calabre entière à leur obéïffance, & la Dynaftie d'Averfe, de fon côté conquit totalement le Duché de Capouë. Bary, la feule pla-

1067.

ce qui restoit aux Grecs sur les confins de la Pouille, se rendit à *Guiscard* & à ses freres après un siége fameux qui dura trois ans.

1070.

Avant que de finir ce Chapitre, il me semble que le Lecteur ne sera pas fâché d'aprendre ce qu'étoit devenu la famille de ces Héros qui portoient si loin la gloire de leur nom. Le vieux *Tancrède*, retiré dans ses terres, menoit dans une honnête médiocrité une vie qu'il avoit autrefois rendue recommandable par les hauts faits de sa jeunesse, & ses six fils restés en Normandie ne démentoient pas la noblesse de leur Sang. *Serlon*, entr'autres, s'étoit signalé dans les derniers troubles par des actions de bravoure extraordinaires. L'Histoire fournit peu d'exemples d'une famille aussi nombreuse & aussi respectable dans tous les membres qui la composoient.

## CHAPITRE XXXIV.

*Funestes effets de l'ambition de* Robert Guiscard. *Hommage rendu par les Normands au Pape* Nicolas II. *Conquête de la Sicile. Trait singulier d'un Général Normand qui lui fait remporter la victoire, &c.*

IL n'est pas inutile de remarquer que pendant la Conquête de la Calabre & de Capouë, il survint de fréquens démêlés entre les Seigneurs Normands, qui furent presque toujours occasionnés par l'ambition insatiable de *Guiscard* qui vouloit souvent tout avoir pour lui seul. Les Normands se souillérent plus d'une fois du sang de leurs Compatriotes, & ce fut une espéce de miracle que les Italiens, au lieu de profiter de ces divisions pour les chasser de leur pays, leur laissassent le tems de se raccommoder & de continuer leurs Conquêtes.

F

Ces mêmes Normands excommuniés par le Pape *Léon IX* qu'ils avoient gardé prisonnier près d'une année, rendirent hommage de leurs Conquêtes à *Nicolas II* qui les avoit excommuniés aussi. On vit ces nouveaux Vassaux des Papes devenir les protecteurs & quelquefois les Maîtres de leurs Suzerains.

1061. *Robert Guiscard* ayant reçu un étendart & l'agrément du Souverain Pontife, voulut tenter la conquête de la Sicile, que les Grecs avoient manquée (on a vu comment) dans un tems où il n'étoit pas encore maître absolu de la Calabre. Au premier avis de son passage dans cette Isle, un nouvel essain de Gentilshommes & de Volontaires choisis de Normandie, auxquels se joignent plusieurs Bretons, quitte la France pour aller chercher la gloire sous ses auspices. La réduction de toute l'Isle ne coûta pas dix années aux Normands, quoique dans le même tems ils fissent la Guerre en Calabre, & qu'ils fussent souvent déchirés de divisions intestines. Il n'est pas de mon plan d'entrer dans tous les détails, mais je dois m'arrêter à un fait singulier qui se passa dans l'expédition de Sicile, & dont le recit n'est pas inutile à la connoissance des mœurs du tems.

Le Comte *Roger*, frere de *Guiscard*, ayant engagé une Bataille contre les Sarrasins, six fois plus forts que lui, se trouvant extrêmement pressé par le nombre malgré la bonne conduite de *Serlon* son neveu, fils du brave *Serlon* dont j'ai déja parlé, * d'*Oursel de Bayeul* & d'*Arisgoste de Puzzol* ses Lieutenans, & malgré les efforts valeureux des Chevaliers Normands & Italiens qu'il avoit dans son Armée, voyant qu'il ne peut y avoir qu'une action extraordinaire qui le tire de ce mauvais pas, il s'écrie en adressant la parole à ses Soldats : » Mes » Enfans, avez-vous oublié que vos » ennemis sont les ennemis du Ciel, » & que vous êtes assurés du secours » tout-puissant du Très-Haut. Mais » quoi! ne voyez-vous pas briller dans

1063.

* Voyez le chap. 33 précédent.

» les airs ce Guerrier céleste ; il est
» monté sur un coursier plus blanc que
» la neige, le voilà qui s'aprête à com-
» battre pour vous ; voyez-vous flotter
» au haut de sa lance d'or un étendart
» où brille le Signe adorable de la
» Croix » ? Ces mots prononcés d'un ton
ferme & enthousiaste, font passer dans
le cœur de ses Soldats une ardeur qui
leur avoit été jusqu'alors inconnue. (30)

_____

(30) *C'est ainsi que l'Arabe* Lkrimack *releva le courage abatu de ses soldats en intéressant leurs passions, & leur faisant croire aussi que le Ciel se déclaroit pour eux.* Guerriers, *s'écrie-t-il dans le combat*, je les vois ces belles filles aux yeux noirs ; elles sont quatre-vingt. Si l'une d'elles aparoissoit sur la terre, tous les Rois descendroient de leur Trône pour la suivre. Mais que vois-je ! C'en est une qui s'avance ; elle a un cothurne d'or pour chaussure ; d'une main elle tient un mouchoir de soie verte, & de l'autre une coupe de topaze ; elle me fait signe de la tête, en me disant : venez ici mon bien-aimé... attendez-moi, divine Hourd, je me précipite dans les Bataillons infidèles, je donne, je reçois la mort, & vous rejoins. *J'ai choisi ce trait entre plusieurs semblables, également attestés par des Historiens très-graves, pour établir la possibilité de celui du Général Normand, & pour persuader ceux qui pourroient le*

Plusieurs frapés des paroles de *Roger*, s'imaginent voir l'Ange qui se mêle avec eux contre les Sarrasins, tous croyent le Ciel armé en leur faveur & se regardent dès-lors comme invincibles. Les Sarrasins étonnés de ce redoublement de courage, ne sçavent plus s'ils n'ont que des hommes en tête. Ils perdent bien-tôt leur avantage, malgré l'opiniâtreté avec laquelle ils s'attachent à le conserver. *Roger* sçait mettre à profit la bonne volonté de ses Troupes, il les exhorte à ne pas quitter prise qu'elles n'ayent entiérement défait les infidèles. On le voit voler de rang en rang, y donner tranquillement ses ordres & affronter avec la plus excessive intrépidité la mort qui fait partout d'horribles ravages. Enfin, sans s'épargner plus que le moindre Soldat, il se jette presque seul au milieu d'un gros de Sarrasins, renverse leur Géné-

---

révoquer en doute, quoiqu'il se trouve dans plusieurs *Auteurs*.

ral *Arcadius de Palerne* & le tue de sa main. Alors les Sarrasins consternés ne résistent plus. Les Normands n'ont que la peine de tuer & remportent la victoire la plus complette. Ainsi la vision chimérique de *Roger* produisit un succès réel, & passa bien-tôt pour réelle elle-même (31) dans ce siécle où tant de gens avoient intérêt d'accréditer les miracles. On en publia encore plusieurs autres dans le même-tems ; mais le vrai miracle fut de voir une poignée d'étrangers s'emparer d'une si bonne partie de la Terre-ferme d'Italie, & de

―――――――――――

(31) *Passa bien-tôt pour réelle elle-même. Je pourrois être soupçonné sur ce passage si je n'avertissois le lecteur que Geofroy-Malaterre, Auteur contemporain, raporte la vision comme véritable, voyez le Liv.* 1 *de son Histoire. Le Jésuite* Invéges, *qui écrivit au commencement du dix-septiéme siécle les Annales de Palerme, raporte aussi ce fait comme vrai sous l'année* 1063. *Et ce ridicule sentiment a été renouvellé de nos jours par l'Auteur de l'Histoire de Naples & Sicile,* Paris 1701 ; *d'ailleurs très-louable pour ses savantes recherches. Voilà ce me semble assez de citations pour justifier mon passage.*

l'Isle de Sicile, où toutes les forces de l'Empire Grec avoient échoué.

Le nom de l'Epouse de *Roger*, mérite aussi une place dans cet Essai, parce qu'elle le rendit recommandable. Elle s'apelloit *Judith*, (32) & sortoit du sang des Ducs de Normandie. La constance inébranlable qu'elle fit paroître au Siége de Traïna & dans plusieurs autres occasions critiques de la Guerre de Sicile, la mettent au rang des *Jeanne de Flandre*, (33) des *Catherine Sforce*, & des *Marguerite d'Anjou*.

---

(32) *C'est cette même Judith dont les vertus restèrent si long-tems cachées dans un cloître d'hommes, où l'Histoire nous laisse à deviner ce qu'elle faisoit. Voyez le Chapitre de l'Eglise sous Guillaume le Conquérant; mais ce Chapitre n'y est pas. Editeur.*

(33) *On sçait avec quelle fermeté Jeanne de Flandre, Comtesse de Montfort, soutint les droits de son mari au Duché de Bretagne, & avec quelle intrépidité elle défendit Hennebon.*

*J'ai peut-être outré la comparaison en parlant de Marguerite d'Anjou, femme de Henri VI. Roi d'Angleterre, qui soutint dans douze Batailles (à presque toutes lesquelles elle fut présente) les droits de son mari & de son fils, dépossédés par la maison d'Yorck.*

Catherine Sforce ou Sforza, *Epouse de Jé-*

## CHAPITRE XXXV.

*Guerre des Normands contre les Salernitains, puis contre le Pape, puis contre les Grecs. Victoire mémorable sur ces derniers dans l'Isle de Corfou.*

LA multitude des événemens me force à parcourir plus rapidement que jamais le reste de l'Histoire des Normands d'Italie.

*Gisulphe*, fils & successeur de *Gaimar* au Duché de Salerne, leur chercha querelle dans un tems où les affaires de Sicile devenoient très-critiques par les intelligences que les Arabes y en-

---

rôme Riario, *Prince de Forli, vint à bout, moitié par force, moitié par artifice, de faire mettre bas les armes aux rebelles qui avoient assassiné son mari. Etant menacée par eux de voir périr ses enfans sous ses yeux, elle leur répondit hardiment en levant ses jupes qu'il lui restoit de quoi en avoir d'autres. Sa sagesse & sa fermeté éteignirent le feu de la Guerre civile.*

tretenoient encore depuis la conquête ; intelligences qui occupérent les armes Normandes jusques vers 1088.

Malgré ces embarras, *Guiscard* donna lieu au Prince de Salerne de se repentir de cette guerre, car il lui prit tous ses Etats & les garda. Après quoi tout ce qui compose aujourd'hui le Royaume de Naples acheva bien-tôt de se rendre à ses armes victorieuses.

Tant de succès firent trembler *Grégoire VII*, qui faisoit trembler lui-même les Empereurs & les Rois. Ce Pontife qui poussa toujours l'abus de son pouvoir aussi loin qu'il pût aller, ne manqua pas d'excommunier les Normands, & le fruit de l'excommunication fut la conquête de tout le Bénéventin.

1076.

Alors *Grégoire VII* dépouille devant l'excommunié *Guiscard*, cette fierté dont il usoit avec les têtes couronnées. Ses complaisances & ses soumissions lui valent la Ville de Bénévent. Il ne tenoit qu'au Normand de se faire donner dès ce moment l'absolution, mais d'autre

1077.

foins, beaucoup moins importans sans doute, mais qui l'occupoient davantage, lui firent oublier celui-là.

*Robert Guiscard*, après son raccommodement avec le Pape, eut une Guerre à soutenir dans les Etats conquis. Des Seigneurs Normands mécontens de son gouvernement, firent soulever quelques Villes contre lui. Ces troubles firent répandre bien du sang ; mais enfin il les apaisa avec son bonheur ordinaire.

1081.

A peine délivré de cette guerre civile, il en eut une étrangére contre les Grecs, qui faisoient toujours des tentatives pour ravoir ce qu'il leur avoit pris, & qui avoient eu la barbarie de rendre eunuque son gendre *Constantin*, fils de l'Empereur *Michel Ducas*. Poussé par la vengeance & l'ambition, *Guiscard* forma dès ce moment le projet d'envahir l'Empire d'Orient, déchiré par des divisions intestines. Mais les Grecs oubliérent leurs querelles particuliéres pour défendre la cause commune. *Guiscard* n'est point effrayé des préparatifs qu'ils font pour leur défense ; il aborde dans l'Isle de Corfou, qu'il range bien-tôt sous le joug de sa domination. De là il passe en Albanie où parmi les actions singuliéres de valeur que ses troupes firent, on remarqua la Bataille donnée proche Durazzo, dans laquelle moins de quinze mille Normands, Bretons, Italiens, parmi lesquels on comptoit treize cens Chevaliers, taillérent en piéces l'Armée d'*Aléxis Comnène*, commandée par cet Empereur en personne, & forte de soixante-dix mille hommes, Grecs Italiens, & Anglois. (34).

––––––––––––––––––––

(34) *C'étoit des Anglois qui, n'ayant pas voulu se soumettre au joug de* Guillaume le Conquérant, *étoient entrés à la solde des Grecs.*

## CHAPITRE XXXVI.

*Délivrance & mort du Pape Grégoire VII. Exploits de Bohémont fils de Guiscard. Mort de celui-ci. Discours succint sur la Sicile.*

Guiscard, vainqueur de l'Empereur Grec, le fut bien-tôt de l'Empereur Allemand *Henri IV*. Ce Prince, maître de Rome & de *Grégoire VII*, avoit fait élire à la place de ce Pape, *Guibert de Parme*, Archevêque de Ravenne, qui prit le nom de *Clément III*.

1084 *Guiscard* à la premiére nouvelle de cet événement accourt de la Dalmatie où il faisoit de nouvelles Conquêtes, délivre *Grégoire* malgré les efforts réunis des Romains & des Impériaux, & l'emméne à Salerne où ce Pape finit ses jours. Ce ne fut qu'alors que *Guiscard* fit lever son excommunication. Pendant cette expédition son fils *Bohémont* resté en Bulgarie, battoit de nouveau l'Empereur *Aléxis*, de façon que toute l'Europe retentissoit alors du nom des Normands, qui dans l'espace d'un demi-siécle avoient conquis Naples, Sicile, l'Angleterre, humilié la France & l'Allemagne, & faisoient chanceler sur son Trône l'Empereur de Constantinople.

*Guiscard*, après avoir abaissé *Henri*, ne perdit pas de vue le projet qu'il avoit de détrôner *Aléxis*. Vingt mille hommes qu'il avoit formés lui-même aux combats, vont rejoindre sous les ordres l'Armée de son fils, qui s'avançoit déja par la Dalmatie, par la Macédoine, & portoit la terreur jusques dans la Capitale de l'Empire Grec. Ces forces réunies auroient, selon toute aparence humaine, fait passer le Sceptre d'Orient dans les mains de *Robert Guiscard*, si sa mort dans l'Ifle de Corfou n'eût fait évanouir ses vastes entreprises.

Il est tems d'abréger ce recit qui deviendroit à la fin étranger à l'Histoire de la Province de Normandie. Je dirai

1085.

donc tout simplement qu'après la mort de *Guiscard*, le Comte *Roger* son frere demeura possesseur de la Sicile, & le Duc *Roger* son fils, resta maître de tous les pays enclavés aujourd'hui dans le Royaume de Naples, à l'exception de la ville de ce nom, qui se soûtint d'abord quelque-tems comme République, mais qui suivit ensuite le sort des Villes voisines. Le fils de *Roger* de Sicile recueillit toute la succession de la Maison Normande, & prit le premier le titre de Roi.

1130.

Cette Dinastie gouverna glorieusement jusqu'au régne malheureux du Bâtard *Tancréde*, dont le fils encore plus infortuné, fut dépossédé par l'Empereur *Henri VI*, & perdit avec la Couronne, la liberté, la vue & la virilité.

1194.

# GUILLAUME II, dit LE BATARD,
## & ensuite LE CONQUÉRANT.

*Septiéme Duc de Normandie,*

PUIS ROI D'ANGLETERRE.

## CHAPITRE XXXVII.

*Introduction au régne de Guillaume II.*

AVant d'entrer dans ce régne qui éclipsera tous les précédens par la multitude & la célébrité des événemens qui l'ont signalé, nous ne pouvons nous dispenser de jetter un coup d'œil sur l'état où se trouva la Normandie à l'avénement de *Guillaume II.*

Aussi-tôt après la mort du Duc *Robert*, le Roi de France *Henri I*, qui avoit plus de volonté que de moyens de se rendre maître de la Normandie, céda à la nécessité du tems en remettant aux Normands le jeune *Guillaume*, qu'il

1035.

avoit reconnu du vivant du Duc son pere. Mais il se tint toujours prêts à saisir la premiére occasion qui se presenteroit de le faire entrer en Normandie.

*Alain III*, Duc de Bretagne, nommé par *Robert II*, à la Tutelle de son fils, étoit accouru en Normandie à la nouvelle de la mort de ce Prince, bien résolu de se faire récompenser des peines de la Régence.

La Noblesse Normande avoit armé ses Vassaux à son arrivée, & s'étoit cantonnée dans ses Châteaux. Quelques Seigneurs prétendoient des droits à la Couronne Ducale, tous les autres s'accordoient à profiter de la foiblesse d'une Minorité pour resserrer la puissance de leur Souverain, & par ce moyen aggrandir la leur; mais pas un ne vouloit souffrir que les Etrangers se mêlassent trop avant dans leurs affaires. Il n'est pas surprenant que ces troubles engageassent bien des Normands à s'en aller prendre part aux événemens d'Italie, en attendant que l'orage qui défoloit leur patrie fût dissipé.

Tels étoient les nuages qui se formérent sur la tête d'un Prince âgé de dix ans. On verra comment cet *Hercule* nouveau vint à bout d'étouffer les serpens qui persécutoient son enfance.

## CHAPITRE XXXVIII.

*Mort du Duc de Bretagne. Faction de Toni. Guerre avec la France. Bonne conduite de Gacé, qui force le Roi Henri à faire la paix.*

LE Duc de Bretagne voulut arrêter le cours de tant de désordres; mais comme ses intentions devinrent suspectes, on ne lui laissa pas le tems de faire valoir beaucoup son autorité, il fut empoisonné à Wimontier. Son fils *Conan II*, lui succéda dans ses Etats, & le Connétable de Normandie, *Raoul de Gacé* le remplaça dans la Régence.

1036.

Des flots de sang innondérent la Normandie durant l'Anarchie, de la minorité, sans que les soins assidus du nouveau Régent pussent étouffer les troubles qui déchiroient cette belle Contrée.

Parmi le grand nombre de factions & de cabales qui s'élevérent contre le Duc *Guillaume*, celle de *Roger Toni* mérite une attention particuliére. Ce Seigneur descendu d'un oncle du premier Duc *Rollon*, & se trouvant chef de la Maison Ducale, ne voyoit qu'avec une indignation mêlée de la plus amére douleur qu'un Bâtard osât frustrer ses espérances au Trône de Normandie. Les grandes sommes d'argent dont les Espagnols avoient récompensé les services importans qu'il leur avoit autrefois rendus contre les Maures, lui procurérent la facilité de faire marcher sous ses Enseignes trois mille Normands & deux mille quatre cens Bretons. Il surprit Valognes, & son armée grossissant de jour en jour par les renforts que lui envoyoient les principaux Seigneurs de

Normandie, il ne défespéra pas de fe rendre maître de tout le Duché, qu'il prétendoit, non fans quelque fondement, lui apartenir de plein droit.

Le Connétable de *Gacé* n'ofoit d'abord tenir la campagne contre un fi redoutable adverfaire, mais un coup imprévu lui donna à la fin la fupériorité. Tous les Alliés de *Toni* retirérent fubitement leurs Troupes, craignant aparemment qu'après avoir dépouillé *Guillaume*, il ne voulût enfuite les afervir. Ainfi ce Prince qui s'étoit vu à la tête d'une Armée, forte de plus de vingt-cinq mille hommes, fe trouva réduit aux cinq mille quatre cens qu'il entretenoit à fes propres dépens, & fut obligé de fuir à fon tour devant le Connétable.

1038.

Ce fut alors que le Roi *Henri* crut devoir profiter des divifions qui déchiroient le Duché pour faire valoir quelques prétentions. Le Confeil de *Guillaume* fut très-furpris de cette démarche d'un Prince qui devoit fa Couronne au Duc *Robert*, & qui vu les anciens traités n'avoit rien à revendiquer en Normandie. Mais lorsqu'on vit qu'une forte Armée s'avançoit pour soutenir les foibles raisons du Roi, il fut résolu que pour obtenir la paix dont on avoit tant de besoin, on lui céderoit le château de Tillieres, à condition qu'il seroit démantelé. *Henri* reçut volontiers à ce prix une place qui auroit été capable d'occuper long-tems ses armes, mais malgré la teneur du Traité il en fit relever les fortifications, & animé par ce premier succès, il s'empara avec autant de facilité d'Argentan & de Falaise.

1040.

Ces invasions redoublées engagérent *Gacé* à employer contre un Monarque qu'il avoit cru long-tems le protecteur & le meilleur ami de son maître, les forces qu'il avoit rassemblées contre des rebelles. Le courage & l'habileté de ce Connétable forcérent bien-tôt *Henri* d'abandonner ses conquêtes ( à la réserve de Tillieres ) & à recevoir la paix qu'il n'avoit pas voulu donner.

1041.

## CHAPITRE XXXIX.

*Défaite & mort de Toni. Entreprises du Comte d'Arques échouées. Soulévement de Guy de Bourgogne. Alliance de Guillaume avec le Roi de France qui l'aide à battre les Rebelles.*

ON est justement surpris de voir que *Toni*, cet homme si acharné contre le Bâtard, soit demeuré oisif pendant tout le tems de l'expédition de *Henri I*. Aparemment qu'il craignit que le Monarque ne prît tout pour lui; car immédiatement après la retraite des François il recommença ses ravages ordinaires avec une nouvelle Armée composée de Normands, d'Anglois & de Bretons, que les Historiens font monter à dix-huit mille hommes. *Guillaume* commençoit alors à manier les rênes de l'Etat, mais malgré les sages mesures qu'il concerta avec le Connétable, il ne put d'abord arrêter ce fléau, tant son

1042.

parti se trouvoit foible. Enfin *Umphrey de Vielles*, Seigneur très-puissant, se déclara pour lui ainsi que ses trois fils, sans autre motif que leur respect pour la mémoire du Duc *Robert* qui avoit comblé leur maison de bienfaits. Le Connétable ayant joint ses troupes aux leurs, marcha contre les rebelles, les tailla en piéces, & leur chef y périt (35) par la main de *Roger de Beaumont*, un des fils du Seigneur de *Vielles*.

L'éxemple funeste de *Toni* n'étouffa point le germe des Guerres civiles. Le Comte d'Arques, excité par les insinuations de son frere *Mauger*, dont nous ferons connoître le caractére au Chapitre de l'Eglise (36), voulut prétendre à la Couronne Ducale comme étant sorti de *Richard II* & de *Papie*. * Le Roi de

*Voy. chap. XVI.

―――――――――

(35) *Je dois remarquer ici que plusieurs Historiens placent la mort de Roger Toni avant la prise de Tillieres ; mais d'autres la mettent dans l'ordre que j'ai suivi, & auquel M. l'Abbé Prevôt s'est arrêté aussi.*

(36) *Ce chapitre a été brûlé.* Editeur.

France s'avança avec vingt-deux mille hommes pour soutenir ce Seigneur, mais le jeune Duc avec seize mille seulement ruina l'armée Françoise en détail, la força d'évacuer tout ce qu'elle avoit pris en Normandie, & réduisit bien-tôt sous son obéissance tous les Etats du Comte d'Arques.

1044.

Malgré tant de succès brillans, le Duc se vit peu de tems après moins affermi que jamais sur son Trône. *Guy de Bourgogne*, petit-fils de *Richard II*, par sa mere, prétendit le lui enlever. *Guillaume* fut d'autant plus étonné à cette nouvelle, qu'il étoit le bienfaiteur de ce *Guy*, auquel il avoit fait présent des Comtés de Vernon & de Briône. Il fit faire de promptes levées dans les pays de Caux, de Véxin, de Roumois & d'Auge, & se mit à leur tête pour aller punir l'ingrat. Mais il aprit en route que les Comtes de Beslin & de Cotentin, soutenus des Seigneurs de *Thorigny-le Dentu & Duplessis*, étoient entrés dans la révolte & avoient joint

1047.

leurs troupes à celles de *Guy de Bourgogne*. Après avoir échapé, par une espéce de miracle, au piége subtil que les rebelles avoient tendu dans Valognes contre sa personne, & peut-être contre sa vie, il eut assez de confiance dans la générosité du Roi de France, pour aller se jetter dans ses bras & lui demander du secours.

Si *Henri*, par ses démarches précédentes, avoit manqué en quelque façon à ce qu'il devoit à la mémoire du feu Duc, il effaça tous ses torts par la grandeur d'ame avec laquelle il secourut son vassal humilié qui venoit se remettre entre ses mains & implorer son assistance. Une armée considérable de François, réunie aux Normands qui étoient restés fidèles à leur Prince, pénétra fort avant dans la Basse-Normandie sous la conduite du Roi & du Duc.

Les rebelles s'avancérent de leur côté pour s'oposer à cette marche rapide; & bien-tôt les deux armées se rencontrérent au Val-des-Dunes, lieu situé entre Caën & Argentan. Tou

Tout annonçoit une de ces affreuses Batailles, où la fureur est confondue avec la grandeur d'ame, & l'opiniâtreté avec la valeur. Les Chefs des deux partis avant d'en venir aux mains, exhortèrent leurs troupes par des paroles capables d'inspirer du courage aux plus timides. *Henri* remontroit à ses François qu'ils avoient leur Roi à leur tête, & ce n'étoit pas un petit aiguillon de courage pour eux. *Guillaume* excitoit ses Normands à combattre vaillamment pour leur Souverain. De l'autre côté *Néel de Saint-Sauveur*, devenu le plus redoutable ennemi de *Guillaume*, du pere duquel il s'étoit montré le plus ferme apui, rapelloit à ses Cotentinois les victoires qu'ils avoient autrefois remportées sous ses ordres, tandis que *Guy de Bourgogne* animoit le reste de l'armée rebelle par les discours les plus piquans contre le Bâtard. Les Soldats des deux côtés interrompirent les harangues de leurs Chefs, & criérent qu'on les menât au combat.

G

1047.

Avec ces dispositions réciproques, l'affaire ne tarda pas à s'engager, & la fureur des deux armées étoit si grande, qu'elles se mélérent tout de suite sans se donner presque le tems de lancer la première volée des fléches. Le Roi fut en grand danger de sa vie pendant le fort de l'action, & il ne fut redevable de son salut qu'aux efforts redoublés des Chevaliers qui l'entouroient, & parmi lesquels l'Histoire distingue *saint Paul & Châtillon*, qui le relevérent après que son cheval eut été abattu d'un coup de sabre donné par un Chevalier Cotentinois, nommé *Guillerin* \*, & frere du Seigneur de *Thorigny*.

\* Nom de baptême.

Les François voyant que leur Monarque se ménageoit si peu, se surpassérent, & furent bien secondés des Normands de Guillaume, le plus intéressé de tous au succès de cette journée. Les rebelles furent enfin forcés de céder à la valeur opiniâtre de leurs adversaires; *Saint-Sauveur* fut entraîné dans leur fuite & se vit vaincu pour la première fois. Les marques de bravoure qu'il donna pendant l'action mériteroient les plus grands éloges, s'il eût combattu pour une meilleure cause.

Le Seigneur *Duplessis* fut fait prisonnier, & obtint sa grace de la clémente de *Guillaume*, mais il mourut peu après. A l'égard de *Guy de Bourgogne*, il s'étoit sauvé après la Bataille dans son Château de Brionc, où il se flattoit d'arrêter long-tems les armes victorieuses de *Henri* & de *Guillaume*. Mais ce dernier vint l'assiéger aussi-tôt, & le contraignit, non sans peine, à se rendre. Tout le monde crut alors que la rebellion de ce jeune Prince le feroit monter sur l'échafaud, mais *Guillaume* eut la générosité de forcer son naturel enclin à la sévérité & à la vengeance, ainsi qu'il avoit déja fait en pardonnant à *Thorigny*, & se contenta de lui ôter les présens dont il avoit abusé. *Guy* se voyant dépouillé & méprisé, retourna dans la Bourgogne où il étoit né.

## CHAPITRE XL.

*Guerre avec le Comte d'Anjou. Conduite singuliére du Roi de France. Exploits de Néel de Saint Sauveur-le-Vicomte. Traité de paix entre le Comte d'Anjou & le Duc de Normandie.*

Tous les factieux disparurent après la Bataille du Val-des-Dunes. Guillaume jouit pendant quelques mois du bonheur de se voir maître paisible de son Duché, & *Henri* goûta cette satisfaction si touchante pour un grand cœur, de s'être acquitté de toutes les obligations qu'il avoit au Duc *Robert*, en affermissant la Couronne de Normandie sur la tête de son fils.

1047. Le Roi & le Duc resserrérent encore plus fortement les nœuds de leur Alliance dans le danger commun où les exposérent les entreprises de *Géoffroy Martel*, Comte d'Anjou, un des plus grands guerriers & des plus ambitieux Princes de son siécle.

Le nouveau Traité conclu entre *Henri & Guillaume*, bien loin d'allarmer l'Angevin, qui jusqu'alors avoit toujours triomphé de ses ennemis, fut au contraire un nouvel aiguillon de gloire pour ce Héros. Mais il s'aperçut trop tard qu'il lui étoit impossible de résister seul à deux puissances si redoutables. La guerre fut portée jusques dans le cœur de ses Etats, environ deux mois après qu'elle eut été déclarée. Le Comte d'Anjou, peu accoutumé à voir ses armes malheureuses, tenta la voie des Négociations pour réparer le désordre de ses affaires, & il réussit à faire sa paix avec le Roi, sans comprendre le Normand dans le Traité.

1048.

Cet accommodement piqua *Guillaume* jusqu'au vif contre le Roi de France, lequel après l'avoir engagé dans cette guerre l'abandonnoit d'une façon aussi criante. Le Duc prévit bien que forcé d'évacuer l'Anjou, vu qu'il n'avoit plus les troupes Françoises avec lui, le théâtre de la guerre alloit être transporté jusques dans ses propres Etats. En effet *Géoffroy Martel* ne tarda pas à se rendre maître, tant par force que par stratagême, de Domfront, Alençon & de quelques autres villes de Normandie.

Pour n'être point surpris de la promptitude avec laquelle les choses changèrent de face, il n'y a qu'à faire attention que *Martel* possédoit non-seulement l'Anjou & la Touraine, mais encore une bonne partie du Poitou, du Berry, & du Maine, & que *Guillaume*, à peine maître de la seule Normandie, étoit encore troublé tous les jours chez lui par les trahisons & les cabales secretes qui se tramoient continuellement contre lui, à cause de cette tache que le préjugé attachoit à sa naissance.

1049. & suiv.
Enfin sa valeur triompha de tous les obstacles. Il battit *Martel* en personne dans plusieurs rencontres, le força d'abandonner ses conquêtes, lui prit même quelques Places dans l'Anjou, pendant

que *S. Sauveur*, qui depuis sa défaite au Val-des Dunes, s'étoit refugié en Bretagne, ravageoit d'un autre côté les terres de l'ennemi avec quatre ou cinq mille Bretons qu'il avoit levés à ses dépens pour rentrer dans les bonnes graces de son Souverain. *Martel*, dont les Lieutenans avoient été battus à plate couture par la petite armée de ce grand Général, & qui se voyoit pressé d'un autre côté par les troupes de *Guillaume*, n'hésita plus à accepter la paix que ce Duc lui offroit.

Moyennant ce Traité l'on se rendit tout ce qu'on s'étoit pris de part & d'autre. Le Duc récompensa les bons services de *S. Sauveur*, en lui rendant son Vicomté de Cotentin.

1054.

## CHAPITRE XLI.

*Mariage du Duc de Normandie. Guerre avec la France. Victoire des Normands à Mortemer.*

Guillaume, affermi dans ses Etats par la paix glorieuse qui avoit couronné ses derniers avantages sur le Comte d'Anjou, voulut mettre le comble aux vœux de ses Sujets qui lui restoient attachés, en prenant une Alliance qui fût aussi avantageuse qu'honorable. Il jetta ses vues sur la Princesse *Mathilde*, fille du Comte de Flandre *Baudouin V*. Ce dernier Prince reçut avec empressement les propositions du Duc, & le mariage fut bien-tôt célébré dans le Château d'Arques, avec la plus grande pompe.

Cette alliance donna à penser à la France, qui ne put voir sans peine un vassal devenir si redoutable. *Henri* qui se sentoit intéressé à modérer cet excès de puissance, se décida à armer contre

1055.

celui qu'il avoit remis fur fon Trône. Il prit pour prétexte de la guerre les derniéres violences auxquelles les Normands s'étoient emportés contre *Géofroy Martel* fon vaffal; & il leva une armée d'autant plus formidable, que tous les Seigneurs François, jaloux de la puiffance du Normand, s'empreffèrent de lui fournir des troupes. Le quartier d'affemblée fut marqué à Mantes, & le Comte d'Anjou ne fut pas des derniers à s'y rendre.

1056.

La perte de la Normandie étoit jurée, & des préparatifs fi éclatans la faifoient regarder comme certaine. *Guillaume* ne perdit point courage. Cinquante mille Normands furent bien-tôt fous les armes pour s'opofer aux progrès de l'armée Françoife qui s'avançoit par Evreux, & dans laquelle on comptoit bien cent mille combattans.

1057.

*Henri* fachant que l'armée Normande faifoit à peine la moitié de la fienne, détacha quarante mille hommes, pour faire diverfion du côté du Vexin,

G 5

sous les ordres de son frere *Eudes*, qui avoit sous lui les Comtes de Clermont, de Montdidier & de Ponthieu. Le Duc de Normandie divisa aussi son armée en deux corps. Il garda auprès de lui ses meilleures troupes pour faire tête au Roi, & le reste marcha contre *Eudes*, sous la conduite des Comtes d'Eu & de Mortemer. Parmi les Seigneurs les plus qualifiés qui restoient auprès du Duc, on distinguoit *Gournay*, *Montfort*, *Longueville-Guiffard*, & *Crépin*.

*Guillaume* trop inférieur en forces pour hazarder le sort de ses Etats dans une seule journée, se contentoit de courir le pays pour empêcher l'armée du Roi de s'y répandre, fondant avec une promptitude étonnante sur tout ce qui s'en détachoit, & cherchant ainsi à le miner en détail. Mais *Eudes* & le Comte

1058. d'*Eu* en vinrent à une action générale, près Mortemer-sur-Eaune au pays de Caux. Les François qui furent surpris, crurent avoir sur les bras toute l'armé de *Guillaume* (37), mais ne s'en défendirent pas moins courageusement. Cependant les Normands firent de si prodigieux efforts, que malgré leur extrême infériorité ils parvinrent à mettre leurs ennemis en fuite, après leur avoir tué dix mille hommes, non sans en avoir beaucoup perdu eux-mêmes. Les Comtes de *Ponthieu* & de *Montdidier* furent faits prisonniers, mais *Roger de Mortemer* ayant fait évader ce dernier sans la participation du Duc, perdit ses biens & grossit le nombre des éxilés,

---

(37) C'est aux anciens *Chroniqueurs*, & non pas aux *Historiens* modernes qu'on doit reprocher le peu d'éxactitude sur la Chronologie des premiers siécles de l'Histoire. Guillaume de Jumiéges raporte la Bataille de Mortemer à l'an 1034. La Chronique de Normandie la met sous l'année 1055, & l'Auteur de la description géographique & Historique de la Haute-Normandie, apuye cette seconde date par des raisons très-plausibles *, mais Dumoulin & d'autres raportent cette Bataille sous l'année 1059. Débrouillera qui voudra ces obscurités, pour moi qui reconnois très-bien l'erreur de Guillaume de Jumiéges, j'ai cherché à saisir à peu près le milieu entre les dates de 1055 & 1059.

* Voyez l'article Mortemer.

qui passoient en Lombardie où ils trouvoient une fortune beaucoup meilleure
qu'ils ne l'eussent pu avoir en Normandie (38).

## CHAPITRE XLII.

*Paix générale. Mort & Testament du Comte du Maine. Conjuration du Comte d'Eu découverte. Punition des coupables.*

LA Bataille de Mortemer jetta la consternation dans le parti François, & ranima l'audace des Normands, dont l'armée, bien loin de diminuer, grossissoit de jour en jour par les levées continuelles que le Duc faisoit faire, tandis que le nombre de leurs adversaires

---

(38) *Mais Dumoulin assure qu'il rentra en grace, & que le Duc le rétablit dans tous ses biens, à la réserve du Château de Mortemer. Je ne veux point discuter ici ce fait, parce que l'histoire particulière de ce Seigneur est peu nécessaire à développer dans cet Essai.*

s'éclairciſſoit à vue, tant par les pertes preſque journaliéres, que les défections fréquentes de divers Seigneurs qui étoient ou gagnés par *Guillaume*, ou rebutés du mauvais ſuccès de la guerre.

Le Duc ſçut tirer ſi bon parti de toutes ces conjonctures, qu'il engagea *Henri* à faire une paix particuliére, par laquelle le Roi lui reſtituoit le Château de Tillieres qu'il avoit gardé juſqu'ici depuis le tems de la minorité, * & s'engageoit à lui laiſſer la liberté de pourſuivre ſes droits contre le Comte d'Anjou, ſans ſe mêler le moindrement de leur querelle.

1059.
* Voy. chap. 39.

L'accommodement fait avec le Roi de France, fut ſuivi d'une paix générale occaſionnée par l'impuiſſance où ſe trouvérent les autres Seigneurs de ſoutenir la guerre contre le redoutable Duc. Mais en conciliant, autant qu'on le peut, la Chronologie dans les anciens Auteurs, ce Traité bien loin de donner aux Normands une paix ſolide,

1059.

ne fut plutôt pour eux qu'une simple suspension d'armes d'environ trois mois, au bout desquels la guerre recommença avec une nouvelle chaleur. Elle fut occasionnée par la mort inattendue de *Herbert II*, Comte du Maine, qui légua ses Etats au Duc de Normandie. On verra par la suite de cette Histoire comment ce Testament, semblable en ce point à la suzeraineté de la Bretagne, ne produisit qu'un sujet éternel de discorde & de violence. (39)

1060.

Je remets à l'autre Chapitre le récit de la première guerre occasionnée par le legs du Manceau, & je terminerai celui-ci par la conspiration de *Guillaume*, Comte d'Eu, que je crois fils de celui qui avoit battu les François à Mortemer. Ce Seigneur fit entrer dans ses vues les Comtes de Mortagne & de Moreton ; mais le complot ayant été découvert par un effet singulier du ha-

---

(38) *C'est-à-dire par une très-petite partie de cette Histoire, vu que le reste n'est plus.* Editeur.

zard, & ayant été révélé au Duc par un Gentilhomme nommé *Bigot*, tous les conspirateurs furent punis par la confiscation de leurs biens, & par l'éxil. Les uns se retirérent en France, les autres allérent en Italie particiber aux exploits glorieux de leurs compatriotes : ce fut là le dernier orage que le Duc eut à essuyer dans l'intérieur de ses Etats, si l'on en excepte les chagrins que lui causa son fils *Robert*, long-tems après.

## CHAPITRE XLIII.

*Expédition de* Guillaume *dans le Maine. Ligue redoutable des Comtes d'Anjou, de Meulan, &c. Bataille de Varaville suivie de la paix.*

Guillaume se mit promptement en devoir de profiter du Testament du Comte *Herbert*. Malgré l'oposition des Manceaux, il fit entrer dans leur Capitale une garnison Normande, & soumit en peu de jours presque tout

1060.

leur pays par la force des armes.

*Hugues*, neveu par sa mere du feu Comte, & à qui ce degré de parenté donnoit des prétentions, se réfugia avec les débris de son parti chez le Comte de Meulan qui lui promit de défendre ses intérêts avec chaleur, & qui lui tint parole; car il entra dans le Maine avec une forte armée, & remporta d'abord quelques legers avantages sur les Normands. Mais ce succès fut de bien courte durée, & le Duc *Guillaume* le malmena si fort, qu'il le réduisit à implorer le secours de *Géoffroy Martel*.

Le Comte d'Anjou saisit avec ardeur cette belle occasion de renouveller la Guerre contre son ancien Ennemi. Ses Troupes, jointes à celles de *Hugues* & du Comte de Meulan, reprirent en très-peu de tems toutes les places que les Normands avoient envahies dans le Maine. La Garnison du Mans résista mieux que les autres, mais elle fut enfin chassée de même.

1060.

*Guillaume* étoit en Normandie lorsque

ses affaires prenoient une si mauvaise tournure, mais il revola bien-tôt dans le Maine à la tête de trente mille hommes, battit les Ennemis en plusieurs rencontres, & forçant le Mans pour la seconde fois, il en fit ruiner toutes les fortifications.

L'accroissement de gloire & de puissance que le Normand reçut de tant de succès, attira sur lui les armes de plusieurs autres grands Vassaux de la Couronne ; (40) mais comme l'a fort bien prouvé l'Abbé *Prevôt*, la Guerre ne se fit jamais au nom de la France, & *Henri* fut fidèle à la parole qu'il avoit donnée, d'entretenir avec la Normandie une paix qui dureroit autant que sa vie.

1060.

On prétend qu'après la jonction de tous les Seigneurs François, les Comtes de Meulan & d'Anjou se virent à la tête de cent mille hommes : cette armée for-

---

(40) *Les Chroniqueurs disent trois Ducs & douze Comtes, mais ils ne font connoître que ceux qui furent faits prisonniers.*

midable chassa de nouveau tous les Normands répandus dans le Maine, s'avança jusques dans les Etats du Duc, insulta la petite ville d'Hièmes qu'elle ne put prendre, & ravagea tout le plat pays depuis Séez & Avranches jusqu'à Bayeux.

Le Duc qui n'avoit point de forces suffisantes pour résister à une si nombreuse armée, mit ordre à la sûreté des Villes, & forma un Camp volant d'environ vingt mille hommes pour empêcher les convois & les passages. *Martel* qui commandoit en chef l'armée des confédérés, pénétra jusqu'à Caën dont il se rendit maitre, & prit ensuite la route de Rouen par la Chaussée de Varaville, qui est un défilé fort long & fort embarrassant pour une grande armée. Le Duc qui attendoit une pareille occasion, s'aprocha la nuit avec ses vingt mille hommes, parmi lesquels la Chronique de Normandie raporte qu'il y avoit un bon nombre de Bretons. Une troupe considérable des Paysans du canton assez mal armés, mais bien résolus, se joignit sans bruit à lui.

Bien certaine que toute l'avant-garde des confédérés avoit passé la riviére de dive, la petite armée du Duc vint fondre comme un éclair sur leur arriére-garde. Le Comte de Berry qui la commandoit fut tué des premiers ; sa mort jointe à l'étonnement que cette attaque subite causa aux François, les mit dans un si grand désordre, qu'ils voulurent passer le pont tous ensemble ; comme il n'étoit que de bois, il se rompit sous la multitude des fuyards, & en fit noyer un grand nombre. La riviére n'étant point guéable, ceux qui n'étoient point passés furent tous ou taillés en piéces ou faits prisonniers, sans que l'avant-garde pût leur porter aucun secours. Les Comtes de Soissons, de Brie, de Meulan & de Roussi, furent du nombre des derniers.

Cette victoire signalée releva tellement le parti du Duc, & abattit si fort les François, qu'elle fut incontinent suivie d'une paix, par laquelle *Guillaume*,

1061.

non content de se faire restituer tout ce qu'on lui avoit pris, se fit céder encore plusieurs Villes du Maine ; à ce moyen il laissa pendant plusieurs années *Hugues* jouir paisiblement du reste de ce Comté.

## CHAPITRE XLIV.

*Abdication, retraite & mort de Géoffroy Martel. Régence du Comte de Flandre après la mort du Roi Henri. Guerre avec les Gascons. Guillaume II. se rend l'arbitre des Bretons.*

Géoffroy Martel fatigué de toutes les secousses qui avoient agité les derniéres années de son régne, & détrompé de tout parce qu'il avoit tout éprouvé, renonça à ses Etats & aux hommes la même année de sa défaite à Varaville, & se retira dans l'Abbaye de Saint Nicolas d'Angers, où il mourut au bout d'environ six mois de retraite, ayant institué pour ses héritiers *Géoffroy*

1061.

*le-Barbu* & *Foulques le Réchin*. Cet événement plut fort au Duc de Normandie, qui se vit par-là débarrassé d'un rival puissant & dangereux.

Le Comte d'Anjou avoit été devancé au tombeau d'environ un an par le Roi de France *Henri*, * qui laissa la Couronne à son fils *Philippe I*, âgé tout au plus de huit ans, & la Régence au Comte de Flandre *Baudouin V*, surnommé *le Frison*, Beau-pere du Duc de Normandie. Ce Flamand gouverna avec sagesse. Les Gascons ayant refusé sous sa Régence l'hommage qu'ils devoient à la Couronne, il fit alliance avec le Duc de Normandie son gendre, lequel lui aida à les ranger à leur devoir.

*Mort 4 Août 1060.*

1062.

La réputation de *Guillaume* le rendit l'arbitre aussi-bien que la terreur de ses voisins; vers 1063 il pacifia la Bretagne déchirée par deux Seigneurs puissans, qui se faisoient une Guerre cruelle pour les Villes de Dol & de Saint Malo.

1063.

L'Abbé *Prevôt* pense avec raison que

le silence des anciens Historiens pendant quelques années, marque assez que la Normandie fut aussi tranquille dans cet intervalle par les soins du Duc, que la France l'étoit par la sage administration du Régent.

## CHAPITRE XLV.

*Idée du Gouvernement intérieur de la Normandie sous* Guillaume II. *Loi aussi sage que singuliére sur les duels,* &c.

J'Interromps sans regret le fil des Guerres & des horreurs qui en sont inséparables, pour laisser respirer le lecteur & pour reprendre haleine moi-même.

Après avoir vu avec quelle prudence & quel courage *Guillaume* soutint toutes les Guerres civiles & étrangéres, je pense qu'on ne sera pas fâché de trouver ici un mot de la sagesse & de la fermeté avec lesquelles il gouverna ses Etats pendant la paix, en attendant les chapitres (41) *des Mœurs, de l'Administration intérieure & de l'Eglise*, où il sera plus amplement traité de la conduite & du caractére de ce Prince célebre.

La Normandie jouissant d'une nouvelle paix assurée, & par la victoire remportée sur les bords de la Dive, & par la soumission des Gascons, contre lesquels elle s'étoit déclarée pour le Roi, & par la tranquillité où la mettoient les affaires de Bretagne, dont elle s'étoit rendue l'arbitre, le Duc résolut de purger d'un grand nombre de vagabonds qui troubloient le repos public, & de réprimer les entreprises d'une foule de petits tyrans qui oprimoient le peuple, il punit les premiers suivant leurs crimes, par le suplice ou le bannissement.

A l'égard des Seigneurs dont l'orgueil

1061
62 &
63.

---

(41) *Ces chapitres ne se trouveront pas ici.* Editeur.

dans quelques-uns étoit insuportable envers le peuple, il en punit un grand nombre par l'éxil, ou la confiscation de leurs terres.

La sévérité avec laquelle il fit éxécuter ses Ordonnances, & rendre la justice, rétablit promptement & entiérement dans toutes les parties de l'Etat, le bon ordre que les guerres & les factions avoient altéré. Entre plusieurs réglemens sages qu'il fit, on en trouve un tout-à-fait singulier que je raporterai dans les termes des chroniques, à l'imitation de feu M. l'Abbé *Prévôt*. » Il
» fit une telle Loy que Mercredy Soleil
» couchant jusqu'au Lundy Soleil levant, paix seroit entre les Peuples,
» que l'ung ne messeroit à l'autre, ne
» par faict, ne par dit, & quiconque
» feroit le contraire, il payeroit amen-
» de au Prince, selon le cas, & si seroit excommunié jusqu'à qu'il eût
» payé dix livres, à la volonté de l'E-
» vesque, &c.

Ce Réglement fut fait à l'instar de la

la *Tréve du Seigneur*, établie en France par *Henri I*, l'an 1041. C'étoit tout ce que pouvoit alors l'autorité Souveraine & Ecclésiastique pour empêcher les Sujets de se détruire.

Après avoir parlé de toutes ces Ordonnances utiles, il ne seroit pas hors de propos de donner une idée générale des mœurs, de la puissance, & du commerce des Normands, alors & long-tems après dans son enfance, & qui cependant étoit assez considérable, tant par Mer que par Terre, en comparaison de celui des Nations voisines. Mais comme ces objets entrainent nécessairement des discussions un peu longues, je renvoie là-dessus aux derniers Chapitres de cette Histoire (42).

Le lecteur va rentrer dans le labyrinthe ensanglanté dont je l'ai tiré tout-à-l'heure, malheureusement pour si peu

---

(42) *Ces derniers Chapitres n'y sont pas, puisque, comme je l'ai déja dit dans ma Préface, je n'ai seulement pû sauver entièrement la première Partie de cet Essai.* Editeur.

H

de tems, & peut s'attendre à des événemens plus affligeans encore pour l'humanité en général, qu'ils n'ont été avantageux pour un très-petit nombre d'hommes.

---

## CHAPITRE XLVI.

*Guerre avec les Bretons au sujet de l'hommage. Soupçons jettés sur Guillaume à l'occasion de l'empoisonnement du Duc de Bretagne, &c.*

JAmais depuis l'avénement de *Guillaume II*, la Normandie n'avoit goûté si long-tems les douceurs de la paix. Le Duc accoutumé à une agitation continuelle s'étonnoit lui-même d'un repos de trois ans, qui ne s'accommodoit pas à son esprit turbulent, & qui commençoit à l'impatienter. Enfin *Conan II* qui régnoit alors en Bretagne, lui donna occasion de satisfaire son humeur guerrière par le refus net qu'il fit de l'hom-

1065.

mage que *Guillaume* lui avoit demandé.

Le refus de *Conan* fut suivi de près d'une irruption violente que ce Prince fit en Normandie. Il s'avança auffi dans les terres que *Guillaume* poffédoit fur les frontiéres du Maine & de l'Anjou, jufqu'à Château-Gontier. La garnifon de cette place entreprit de modérer la rapidité de fes progrès. Elle opofa une fi bonne réfiftance aux efforts des affiégeans, qu'elle donna le tems au Duc de Normandie de venir au fecours avec quarante mille hommes. L'Armée Bretonne étoit à peu près de même force, & l'on s'attendoit des deux côtés à une de ces grandes actions qui décident quelquefois le fort des Souverains.

1066.

*Guillaume* avant d'en venir aux mains, voulut tenter les voies de douceur avec fon ennemi; mais celui-ci répondit fiérement (43), qu'on n'acqu'efceroit à au-

―――――――――――――

(43) *Quelques Hiftoriens affurent que cette lettre ou réponfe de* Conan *fut écrite avant fon*

H 2

cun accommodement, qu'au préalable le Normand ne lui cédât son Duché ; ajoutant que moyennant cette condition *Guillaume* pourroit poursuivre ses prétentions sur l'Angleterre, sans crainte d'être troublé par les Bretons.

1066.

*Guillaume* irrité de ce procédé hautain, se préparoit à marcher au combat, lorsqu'il reçut la nouvelle subite de la mort de *Conan*. Ce Prince fut, dit-on, empoisonné par son Chambellan, gagné, ajoutent quelques-uns, par le Duc de Normandie. Ces accusations sans preuve dont les Historiens se plaisent à noircir leurs ouvrages, révoltent les lecteurs judicieux.

Quoi qu'il en soit de tous ces soupçons, la mort de *Conan* fut d'autant plus sensible aux Bretons, que ce brave

---

*entrée dans les terres du Duc de Normandie. Le moine Orderic Vital nous a conservé la lettre en entier. On peut voir par cette note & plusieurs autres semblables, combien je me défie moi-même du tems précis où se passoient les principaux événemens de ce siécle ténébreux.*

Duc les avoit mis à la veille de réduire Château-Gontier, & les avoit postés & retranchés de façon qu'il n'étoit pas possible à *Guillaume* de les attaquer sans un très-grand désavantage. *Hoel*, Comte de Nantes, beau-frere de *Conan II*, lui succéda & mit fin à la guerre, en retirant ses troupes de tous les pays de la domination du Duc de Normandie, & en rendant l'hommage, sujet de la querelle. (44).

---

(44) *Selon toutes les régles de l'Histoire, rien n'est plus invinciblement prouvé que cet hommage rendu par la Bretagne à la Normandie. D'où vient donc cette obstination des Ecrivains Bretons à nier une vérité aussi incontestable? obstination fondée seulement sur quelques mauvaises raisons qui ont été si souvent & si bien réfutées par les meilleurs Ecrivains. Seroit-ce d'un amour aveugle de la Patrie? J'en doute. Quoi! en serai-je moins bon François, parce que je conviendrai sans difficulté des défaites de Crecy, Maupertuis, Azincourt & Pavie? Assurément il y auroit du ridicule & même de la sottise à blâmer dans moi cet aveu de la vérité, & à le regarder comme une marque de patriotisme.* » *Le* » *veritable & solide amour de la patrie*" ( dit » *un Sage de nos jours, que son mérite m'a déjà forcé de citer & de louer plus d'une fois, malgré*

Voyez Essai sur la Poésie épique, chap. d'Alonzo d'Ercilla.

H 3

## CHAPITRE XLVII.

*Révolution occasionnée en Angleterre par l'extinction du sang de Canut. Mort funeste d'Alfred.*

NOus touchons au grand événement qui a immortalisé le régne de *Guillaume II*, & qui lui a mérité le surnom de Conquérant. Mais auparavant d'entamer cette intéressante matiére, il me semble à propos d'y préparer le lecteur, en remontant à la source des choses, & en lui rapellant même une partie de ce que j'ai ci-devant raporté.

---

*les égards dûs à sa modestie* ) *consiste à lui faire* » *du bien & à contribuer à sa liberté autant qu'il* » *nous est possible* »...... mais s'aveugler au point de rejetter des vérités évidentes & incontestables, parce que l'on croit y trouver quelque chose de dur & d'humiliant ; » *c'est plutôt* » *sot amour de nous-mêmes qu'amour de notre* » *pays.*

*Il seroit à desirer que tous ceux qui se mêlent d'écrire l'Histoire s'inculquassent cette maxime ; on trouveroit moins de ces partialités révoltantes qui déshonorent tant d'Ouvrages.*

*Canut le Grand* réunit en 1017, sous le joug de sa domination, l'Angleterre, le Danemarck & la Norwége. Les naturels Anglois subirent sous son régne la plus dure & la plus humiliante servitude. Les Historiens du tems raportent qu'un Anglois qui rencontroit un Danois devoit s'arrêter jusqu'à ce que celui-ci eût passé.

Dans cette désolation générale, les Princes *Alfred* & *Edouard*, derniers rejettons du Sang Royal d'Angleterre, (45) trouvérent le moyen d'échaper aux poursuites du vainqueur, & vinrent chercher un asyle en Normandie. On a vu au Chapitre XXI, comment le Duc *Robert II*, pere de *Guillaume*, obligea l'usurpateur à leur céder la Province de Wessex. Mais la mort inopinée de ce Prince bannissant toutes craintes du cœur de *Canut*, ce Monarque les dépouilla entiérement, & mourut un an après.

1035.

────────────────

(45) *C'est-à-dire du Sang Anglo-Saxon.*

Les deux freres infortunés se réfugiérent encore en Normandie où ils menérent une vie paisible sans se mêler le moindrement des affaires qui agitoient cette contrée. Une conduite aussi sage jointe à leurs autres vertus, leur procura l'estime générale, & leurs miséres écartérent l'envie.

La race de *Canut* ayant manqué en 1043, les Anglois se virent en liberté de se choisir un Maître & de rapeller le sang de leurs Rois. La Normandie alors déchirée au-dedans & au-dehors, fit cependant un effort en faveur des deux Princes, tant leurs malheurs & leur mérite intéressoient. Soixante vaisseaux des plus gros qu'on construisît dans ce tems, furent bien-tôt mis en état de faire voile du Port de Barfleur sous les ordres des Comtes de *Longueville* & de *Gournai*.

*Alfred*, l'aîné des deux Princes, fut porté sur cette Flotte à Douvres. La nouvelle de son débarquement étant arrivée à Londres en un moment, jetta d'abord l'allarme dans le cœur ambitieux de *Godwin*, Comte de Kent.

Ce Seigneur le plus puissant de toute l'Angleterre, sur laquelle il avoit de grandes vues, que la descente d'*Alfred* pouvoit déranger, sortit de Londres en diligence. Il vint au-devant du Prince, réussit à l'engager dans une conférence particuliére où il eut la lâcheté de le faire étrangler.

*Longueville* & *Gournay* voyant qu'il n'étoit pas en leur pouvoir de châtier le crime d'un homme Maître de toutes les Forteresses, & de toutes les troupes Angloises, retournérent promptement en Normandie.

## CHAPITRE XLVIII.

*Elévation d'Edouard au Trône d'Angleterre. Mort du Comte de Kent. Malheur arrivé à son fils Harald, qui est délivré par le Duc de Normandie.*

Godwin sentant combien l'atrocité de son crime devoit indisposer contre lui tous les cœurs Anglois, prit toutes les précautions imaginables pour tromper le public, & fit courir le bruit *qu'Alfred* étoit mort d'une attaque d'Apopléxie. Voyant que toutes ces manœuvres ne suffisoient pas pour effacer les noires impressions que faisoient sur les esprits les justes soupçons de quelques-uns de ses compatriotes, il fut le premier à proposer à l'assemblée des Etats l'Election d'Edouard, frere puiné d'Alfred.

1044. A cette nouvelle, *Edouard* vint promptement en Angleterre avec quelques vaisseaux que lui fournit le Duc Guil-

*laume.* Les Historiens qui ne sont point du tout d'accord sur ces circonstances, c'est-à-dire, sur le genre de mort d'*Alfred*, sur les secours fournis par le Normand, tant à ce Prince qu'à son frere, sur le tems des événemens, conviennent presque tous de l'unanimité du Couronnement *d'Edouard*.

1044.

Le Comte de *Kent* résolut bien de faire valoir ses services auprès d'un Prince dont il connoissoit l'extrême foiblesse. En effet, tant que ce Monarque vécut ce fut toujours *Godwin* qui régna sous le nom *d'Edouard*; & pour affermir encore mieux son crédit, il lui fit épouser sa fille *Editke*.

1045.

La stérilité de ce mariage servit à la Canonisation du Roi, & pour confirmer Sa Sainteté, on prétendit depuis qu'il avoit fait des Miracles. Il eût été plus sage de faire des enfans, mais on assure qu'il s'en ôta le moyen par un vœu de chasteté qu'il ne voulut jamais rompre. Ce vœu, s'il fut réel, ne déplut pas à *Godwin*, qui travailloit sans relâche à élever sa maison sur le Trône d'Angleterre. La mort surprit ce Comte avant qu'il eût pu jouir à son gré du fruit de ses travaux. *Harald* l'aîné & le plus estimable de sept fils qu'il avoit eus de *Thyra de Danemarck*, hérita de ses projets & de son ambition, comme de ses richesses & de ses honneurs.

Vers 1064. Ce Seigneur partit peu après la mort de son pere pour aller chercher en Normandie un frere nommé *Ulnoth*, & un neveu, fils du Comte *Swan*, qui après s'être signalé par mille cruautés envers ses compatriotes, venoit d'être tué par des voleurs dans un voyage qu'il faisoit en Palestine pour expier ses crimes selon les préjugés de ce tems-là. La tempête ayant jetté *Harald* sur les côtes de Picardie, *Guy* ou *Guyon*, Comte de Ponthieu fut assez lâche pour violer l'hospitalité & l'enfermer dans une étroite prison. *Harald* feignit de traiter pour sa rançon, mais ce ne fut que pour mieux endormir son indigne opresseur; car durant tous ces pourparlers, il trouva le moyen d'informer le Duc de Normandie du malheur où il étoit tombé en allant dans ses Etats. *Guillaume* reclama aussi-tôt le prisonnier avec la plus grande hauteur, en reprochant vivement au Comte de Ponthieu son injustice criante. Celui-ci intimidé des réprimandes & des menaces du Normand, n'eut rien de plus pressé que de l'apaiser en lui remettant *Harald.*

Le Duc charmé de tenir entre ses mains un homme dont il craignoit les vues ambitieuses, récompensa le procédé du Picard, en lui donnant, suivant les termes de la chronique, *ung beau Manoir situé sur la rivière d'Yane* ( d'Yonne ) *& autres biens.*

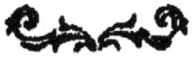

## CHAPITRE XLIX.

*Procédés de Guillaume envers Harald. Conduite de celui-ci à son retour en Angleterre. Victoire qu'il remporte sur les Gallois.*

ON prétend que le Duc se voyant maître de la personne de *Harald*, hésita d'abord s'il l'arrêteroit ou s'il l'ameneroit à ses vues par la douceur. Employer le premier de ces deux moyens c'étoit se rendre coupable d'une infraction aux loix de l'hospitalité, semblable à celle du Comte de Ponthieu, & d'une trahison à jamais infamante; joignez à cela qu'une telle démarche auroit exposé *Guillaume* à se déclarer dans un tems où son intérêt éxigeoit qu'on ne se doutât pour en Angleterre de ses desseins.

De si puissans motifs déterminérent le Normand par l'autre parti, quoi qu'il s'y trouvât encore beaucoup d'inconvéniens & de dangers; car en faifant connoître fes intentions à fon rival, il le mettoit à portée d'y opofer des obftacles infurmontables. Cependant, malgré toutes ces confidérations, il s'ouvrit pleinement à lui en l'exhortant à feconder fes defirs.

*Harald* trop fin pour ne pas fentir tout d'un coup que la diffimulation étoit le feul parti qu'il avoit à prendre dans une circonftance auffi critique, aplaudit à tous les propos de *Guillaume*, & promit tout ce que ce Prince voulut. On affure que le Duc pour mieux s'affurer de la fidélité de celui qu'il craignoit tant, lui fit jurer fur l'Evangile de le fervir dans fes projets.

*Harald* à ce moyen eut bien-tôt toute liberté de retourner dans fon pays. Mais foit qu'il regardât fon ferment comme une démarche forcée qui ne pouvoit engager ni fa Religion, ni fon honneur, foit que l'ambition étouffât tous fes fcrupules, il ne fe vit pas plutôt fouftrait à la vigilance de *Guillaume*, qu'il ne songea qu'à tirer parti de la confidence de ce rival pour prendre des mesures & des précautions qui privassent également, & le Roi d'Angleterre, & le Duc de Normandie des moyens d'empêcher son élévation.

1065. Ce fut dans ce tems que *Griffon*, Roi de Galles, dont les courses incommodoient continuellement les Anglois, fut battu à plate couture par *Harald*, qui s'acquit par cette victoire un amour & une estime du peuple & du Roi même, que mille autres grandes actions, jointes à ses belles qualités, augmentérent de plus en plus.

## CHAPITRE L.

*Testament* d'Edouard. *Sa mort. Couronnement de* Harald. *Dépit du Duc de* Normandie.

LA santé du Roi d'Angleterre s'affoiblissoit au point qu'on commençoit à craindre pour ses jours. On attribua cette maladie aux éxercices trop violens de piété, il eût été plus glorieux pour lui qu'elle ne provînt que d'un travail assidu, aux moyens de rendre son peuple heureux. C'est là, ce me semble, la bonne religion des Souverains. Les Historiens assurent qu'Edouard sentant sa fin aprocher, eut des inquiétudes sur le sort de son Royaume après sa mort, & qu'il chercha pour son successeur un Prince en état de le gouverner en paix & avec dignité, & assez puissant pour étouffer toutes les factions qui ne manqueroient pas d'éclôre aussitôt qu'il auroit fermé les yeux.

1065.

Le Duc de Normandie alors âgé de trente-huit à quarante ans, éprouvé dans l'une & l'autre fortune, & qui régnoit depuis trente années sur un peuple belliqueux avec une gloire acquise au prix d'une infinité de travaux & de victoires, fut le Prince sur lequel il jetta les yeux. Son choix ne fut néanmoins pas précipité. *Edgard*, dont je raporterai les droits à la Couronne, tint longtems son esprit en suspens ; mais les obligations essentielles qu'il avoit au Duc de Normandie, dont il étoit aussi parent, le déterminérent enfin à reconnoître par un Testament ce Prince pour son héritier.

*Edouard* ne vécut que peu de jours après ce fameux Testament, sur l'éxistence duquel il s'est élevé tant de doutes, dont l'éclaircissement & la discussion passeroient les bornes de cet essai. On prétend que la veille de sa mort il s'étoit élevé un tumulte confus dans l'Assemblée des Seigneurs qui se trouvoient, tant dans son apartement que dans son anti-chambre, & que tous s'étoient écriés à plusieurs reprises : *Harald soit Roi*. Edouard fatigué de ces clameurs se tourna de l'autre côté du lit, en prononçant d'une voix mourante : *Que les Anglois choisissent tel Roi qu'ils jugeront à propos, j'y consens*. On le quitta après ces paroles ; & il expira le lendemain ving-neuf Décembre 1065.

Les Ports d'Angleterre furent incessamment fermés, & les Etats assemblés à Londres proclamérent Roi *Harald*, annulant toute disposition du feu Roi qui auroit pû être contraire à cette élection. Les grandes qualités du Comte de Kent, les services importans & signalés qu'il avoit rendus à sa Patrie, l'usage prudent qu'il fit de ses richesses immenses, lui donnérent le suffrage unanime de la Nation, suffrage qui fut bien-tôt confirmé par le soin qu'il prit à son avénement de diminuer les impôts sur le Peuple, & de combler de biens la Noblesse & le Clergé.

Vers 1066.

Les Ports furent rouverts après le couronnement de *Harald*, & il en fortit auſſi-tôt un leger bâtiment qui en alla porter en Normandie l'accablante nouvelle. On ne ſçauroit exprimer à quel point le Duc en fut chagriné. Sa douleur ſe tourna bien-tôt en une rage amére. Nous allons voir dans les Chapitres ſuivans quelles furent les ſuites de ce dépit.

## CHAPITRE LI.

*Exil de* Toſton, *frere du Roi Harald. Ses vengeances. Son alliance avec un Roi de Norwége. Leurs deſcentes & ravages en Angleterre. Leur défaite & leur mort.*

Guillaume d'Oſborn-de-Crépon (45), celui des Courtiſans du Duc de Normandie qui avoit le plus d'accès & de liberté auprès de ſon maître, ſçut

---

(45) *Les Anglois l'apellent* Fitz-othb ɛn ; *c'eſt-à-dire Fils d'Osborn ou d'Aubert, d'abord vrai nom de baptême, devenu nom de famille. Le lecteur doit ſe ſouvenir ici de la note* 14.

flatter sa passion en l'excitant à tirer vengeance du parjure *Harald*, & en dissimulant d'abord toutes les difficultés qu'une telle entreprise ne manqueroit pas d'essuyer.

Le clair-voyant *Guillaume* sentit l'adresse de ce Courtisan, & lui en sçut bon gré. Il résolut dès-lors de hâter les démarches nécessaires pour détrôner son rival. Un événement imprévu sembla favoriser son dessein. *Toston*, Comte de Northumbre & frere (46) de *Harald*, chassé 1066. d'Angleterre pour ses excès inouis, vint demander du secours au Duc de Normandie. Des raisons d'Etat, dont la plus forte étoit la défiance, engagèrent le Normand à se contenter de promettre-

---

(46) *D'après quelques autorités, j'ai annoncé plus haut Harald comme l'aîné des enfans de Godwin; mais je retrouve ici beaucoup d'Historiens qui donnent l'aînesse à Toston. Je fais cette note seulement pour marquer combien est foible le rayon de lumière qui perce à travers le cahos épais du onziéme siècle; car qu'importe à l'Histoire l'âge de ces Princes, pourvu que leurs principales actions soient connues?*

Le Comte de Northumbre, voyant qu'on le remettoit de délai en délai pour ce ce qu'il defiroit en Normandie, s'adreſſa au Comte de Flandre dont il reçut ſoixante vaiſſeaux chargés de troupes & de munitions. Avec cette Eſcadre, il alla piller l'Iſle de Wigth, ravager les côtes maritimes d'Angletere, & il fit une deſ‑cente dans la Province d'Yorck. *Harald* averti de ſon débarquement, donna or‑dre à *Morkard* de s'opoſer à ſes pro‑grès. Celui-ci obéit ſi bien, qu'en peu de tems *Toſton* fut obligé de fuir en Ecoſſe, où il ne fit qu'un très-court ſéjour, vu les durs refus qu'il eſſuya des Ecoſſois dont il ſollicitoit l'apui. Etant paſſé en Norwége, il trouva plus de faveur au‑près du Roi *Harold-Harfager*, qui s'é‑toit nouvellement rendu maître d'une partie des Orcades, & qui préparoit une Flotte puiſſante pour étendre plus loin ſes conquêtes.

Ce Monarque ne refuſa pas du ſecours à un homme dont il eſpéroit de grands ſervices; (car il eſt à remarquer que

*Toston* possédoit au dernier degré l'art de se faire valoir.) Il pressa les préparatifs de sa Flotte & entra bien-tôt dans la Tyne avec 500 voiles. Après avoir dévasté les Provinces situées sur cette riviére, ce Roi des Pyrates se remit en mer & vint faire une autre descente dans le Northumberland. *Morkard* qui commandoit toujours dans ce pays depuis l'éxil de *Toston*, se flatta qu'il pourroit avoir encore le même succès que la derniére fois. Son attente fut prodigieusement trompée. La moitié de son armée fut détruite dans ce combat, & ce désastre fut suivi de la perte d'York, qui aima mieux capituler que de tenter une vaine résistance qui auroit attiré sur elle le courroux du vainqueur (48).

*Harald* informé de la défaite du Com-

---

(47) *Quelques Auteurs, entr'autres celui de l'Histoire de la conquête d'Angleterre, in-12, imprimée à Paris en 1701, disent que la Ville d'Yorck fut emportée d'assaut; mais le plus grand nombre, & parmi ceux-ci l'Abbé* Prévôt, *racontent les choses d'une maniére toute oposée, c'est-à-dire, comme je les raporte moi-même.*

te *Morkard*, ne perdit pas un inſtant pour raſſembler une armée qui ſe trouva monter à trente mille hommes effectifs. Il joignit bien-tôt ſes troupes aux débris de celles de *Morkard*, près la Derwent, à quelque diſtance d'Yorck. L'armée Norvégienne, retranchée de l'autre côté de la riviére, & de plus maitreſſe abſolue du pont, vit avec la plus grande ſé urité l'aproche des troupes Angloiſes, ne ſe doutant pas qu'on oſât eſſayer de la chaſſer d'un poſte auſſi avantageux.

Les obſtacles ne rebutérent pas l'intrépide *Harald*. Auſſi-tôt qu'il ſe trouva bien en preſence de ſes Ennemis, il donna ſes ordres pour l'attaque du pont. L'opiniâtreté des défenſeurs ne put repouſſer la vigueur des aſſaillans. *Harald*, animé par le premier ſuccès, ſe jette dans les foſſés du Camp Norwégien, ſuivi d'une foule de Guerriers qui ſe font un juſte honneur de braver la mort aux côtés de leur Roi. Les lignes d'*Harfager* ſont forcées. Ce Roi périt avec

*Toston* dans la mêlée, & sa mort laisse la victoire la plus complette aux Anglois.

De toute l'armée d'*Harfager* qui étoit venue sur 500 vaisseaux, à peine resta-t'il de quoi en charger 20, que son fils *Olaüs*, ou selon d'autres *Magnus*, reconduisit en Norwége avec la permission du vainqueur.

1066.

Peu de jours après cette Bataille mémorable, *Harald* retourna dans sa Capitale jouir de son triomphe & des adorations d'un peuple qu'il avoit délivré d'un si terrible ennemi.

## CHAPITRE LII.

*Sécurité de l'Angleterre. Embarras du Duc de Normandie. Empressement de ses Sujets à le servir. Secours qu'il reçoit de ses voisins. Force de son armée.*

Tout sembloit propice à *Harald*. La douceur de son gouvernement lui assuroit l'amour & la fidélité de ses Peuples, autant que ses derniers succès le rendoient redoutable au dehors. Cent mille hommes en armes étoient toujours prêts à recevoir quiconque oseroit aborder l'Angleterre en Ennemi.

L'embarras où la derniére Guerre contre la Bretagne avoit jetté *Guillaume*, le désordre survenu dans ses finances, le refus net & constant qu'il avoit essuyé de ses Barons lorsqu'il leur avoit demandé de l'argent pour son expédition ; toutes ces circonstances augmentoient la sécurité des Anglois ; aussi ne sçauroit-on croire quelle étrange surprise s'empara de tous les esprits, lorsqu'on aprit à Londres le prochain embarquement du Duc de Normandie.

Ce Prince qui ne fut jamais plus grand que dans ces momens de crise où la fortune sembloit obstinée à vouloir l'abaisser ; ce Prince, dis-je, étoit venu à bout d'obtenir du zèle de chaque sujet en particulier, ce qu'il n'avoit pû avoir de la Nation en général, représentée par l'assemblée des Etats, qui, préférant avec raison le bonheur & le repos de la Patrie à la dangereuse satisfaction de leur Souverain, avoient très-bien prévu que s'il réussissoit, la Normandie deviendroit Province d'Angleterre, & qu'un mauvais succès l'apauvriroit pour long-tems.

Le seul Evêque de Bayeux, frere du Duc, équipa quarante vaisseaux à ses dépens. D'*Osborn-Crépon* fit un effort tout aussi considérable. L'Evêque du Mans arma trente vaisseaux. Tous les sujets suivirent à l'envi ces généreux éxemples, renouvellés de nos jours dans des circonstances différentes, mais vis-à-vis un Prince non moins aimé & non moins digne de l'être ; ces secours donnés avec tant d'empressement firent oublier le refus des Etats.

Aucun moyen n'échapa à la sagacité de *Guillaume*, soit pour rendre odieux son adversaire, soit pour mieux assurer son entreprise. Il parvint à gagner le Clergé, ce qui n'étoit pas un petit avantage dans ces tems là. Le Pape même *Alexandre II* entra dans ses intérêts, & excommunia tous ceux qui traverseroient ses desseins. Alors une foule d'Etrangers Angevins, Picards, Bretons, Poitevins & Flamands vint grossir l'armée du Duc.

Ce n'étoit pas seulement ses brigues & ses négociations qui lui procuroient ces secours. Un motif plus puissant le secondoit. Tous dans ce siécle grossier regardoient comme sainte la Guerre qu'on préparoit à l'Angleterre, parce que le Pape avoit pris les intérêts du Normand. Cette opinion stupide suffisoit pour lui procurer un grand nombre de soldats qui n'envisageoient que l'honneur du triomphe ou la palme du martire.

1066.

En conciliant, autant qu'il est possible, les anciennes relations, *Guillaume* se vit au moment de l'embarquement à la tête de soixante mille combattans, parmi lesquels on comptoit bien vingt-deux mille hommes de troupes auxiliaires.

## CHAPITRE LIII.
*Départ de la Flotte. Descente en Angleterre. Seigneurs principaux de l'armée.*

Mille vaisseaux nouvellement construits dans différens ports de la Province & rassemblés dans celui de

Saint Valery, furent en état de partir dès le 25 Septembre, tant on avoit pressé les travaux à cause de l'avancement de la saison. Mais les vents contraires retinrent cette Flotte jusqu'au 6 Octobre. Le vent fut favorable tout ce jour là, & l'on cingla assez heureusement jusqu'à la nuit qu'il survint une violente tempête qui incommoda extrêmement tous les vaisseaux & qui en fit périr un. L'aurore ayant ramené le beau tems, la Flotte fit une route extrêmement rapide, & vint mouiller au port de Pewensey dans la Province de Sussex. Comme cette Ville n'avoit alors ni garnison ni fortification, les habitans consternés l'abandonnérent promptement, & coururent à Londres donner avis de ce qui se passoit.

Le Duc qui s'étoit jetté le premier à terre avec vingt-cinq Chevaliers, rangeoit son armée en bataille à mesure qu'elle débarquoit, dans la crainte d'être attaqué ou surpris par *Harald*. Mais ce Monarque à peine délivré de l'invasion d'*Harfager*, n'avoit pas encore eu le tems de prendre les mesures nécessaires pour la défense de toutes ses côtes, d'autant plus que les derniers embarras de *Guillaume* & l'avancement de la saison lui avoient inspiré un excès de (49) confiance qui alloit jusqu'à la négligence.

Quelques-uns prétendent que quand le Duc de Normandie eut achevé sans aucune résistance le débarquement de son armée, il mit le feu à toute la Flotte pour ne laisser à ses troupes d'autre espérance que la victoire. D'autres disent qu'il la renvoya en Normandie. L'une & l'autre de ces actions marque également à quel point ce Prince étoit entêté de son ambitieux projet, & combien il avoit résolu fermement de vaincre ou mourir, puisqu'il s'ôtoit

―――――――――――
(49) J'ai dit plus haut qu'après la défaite d'Harfager il y avoit en Angleterre 100000 hommes sous les armes. Aparemment que les Anglois ne se doutant pas que Guillaume abordât de ce côté les avoient disposés dans d'autres quartiers. Peut-être même en avoient-ils licentié une partie, vû la sécurité que leur donnoit l'avancement de la saison.

tout espoir de retour. Il étoit bien secondé dans cette résolution par ses Soldats qui demandoient le combat tous d'une voix.

Nous avons déja dit que son armée montoit à environ soixante mille combattans ; il n'est pas inutile d'ajouter que dans ce nombre on comptoit plus de cinq mille gentilhommes (50) & parmi ceux-là plus de quatre cens cinquante Seigneurs qualifiés, dont les principaux étoient *Hugues*, Général d'une troupe auxiliaire d'Allemands. *Guy* Comte de Ponthieu. *Alain Fergeant*, Comte de Dol. *Amaury*, Vicomte de Thouars. Les Seigneurs de *Vitré*, de *Châteaugiron*, de *Gaël*, de *Loheac*, tous Bretons. Les principaux Normands étoient *Odon*, Evêque de Bayeux, frere du Duc. Le Comte de Mortaing. Les Seigneurs de *Beaumont*, de *Touques*, d'*Avranches*, d'*Etouteville*, de *Longuevil-*

---

(50) *Près des trois quarts de cette Noblesse étoient de Normandie. Le reste étoit Angevin, Picard, Breton, &c.*

le, d'*Arques*, de *Gournay*, & le vieux *S. Sauveur de Cotentin*, qui vouloit terminer au champ d'honneur une vie illustrée par soixante années (51) de combats & de gloire.

## CHAPITRE LIV.

*Manifeste du Normand. Singuliére proposition faite à Harald par un Ambassadeur encore plus singulier. Préparation au combat.*

Guillaume aussi-tôt après sa descente en Angleterre avoit répandu un écrit où il décoroit son entreprise du beau nom de justice, & où il donnoit les plus noires couleurs au portrait de son adversaire. Il étoit à craindre pour *Harald* que les sourdes intrigues du Normand n'aliénassent les cœurs qu'un tel manifeste auroit déja pu ébranler. Il sentit bien cette conséquence, aussi ne perdit-il pas de tems pour rassembler quatre-vingt mille hommes, avec lesquels ils marcha contre son ennemi

(51) *Il étoit alors âgé de 80 ans.*

qu'il joignit à Hasting. Les representations de son frere *Gurth*, & de plusieurs Généraux qui vouloient qu'on cherchât à couper les vivres aux Normands plutôt qu'à les combattre, ne purent prévaloir contre la juste crainte qu'il avoit que son rusé rival n'eût le tems de se former un parti dans le Royaume. D'ailleurs *Harald* étoit bien aise de profiter du premier feu d'une armée qu'il voyoit très-supérieure en nombre & dont tous les Soldats demandoient le combat à grands cris : les ordres furent donnés pour la Bataille.

Les deux armées étant en présence, le Duc qui n'étoit pas sans inquiétude voulut tenter quelques voies d'accommodement. Il envoya un Bénédictin de Fécamp proposer à *Harald* de lui remettre le Royaume, ou de vuider la querelle dans un combat particulier afin d'épargner le sang humain.

13 Octobre 1066.

*Harald* indigné qu'un tel député osât lui faire de pareilles propositions, renvoya le Moine avec ignominie, puis levant les yeux au Ciel, il s'écria : » » Ce n'est qu'à Dieu de décider entre » le Duc & moi, il sera seul notre ar- » bitre.

Cette infructueuse négociation ayant consommé la meilleure partie du jour, on remit comme de concert la Bataille au lendemain. Les descriptions de cette fameuse journée sont si confuses dans les anciens Historiens, que le sçavant & judicieux *Rapin-Thoyras* n'a osé s'y engager après eux. Aussi n'est-ce qu'avec la plus grande défiance que j'analiserai dans le Chapitre suivant ce qu'en ont dit les Auteurs qui l'ont voulu détailler.

## CHAPITRE LV.

*Célèbre Bataille d'Hasting. Ses suites.*

LEs deux armées se préparérent au combat d'une maniére bien différente. Les Anglais passérent la nuit dans la joie & la débauche, les Normands dans la priére & l'abstinence. A peine la lumiére fut-elle répandue sur l'horison que l'Evêque de Bayeux célébra une Messe où le Duc & les principaux Chefs de son armée communiérent.

Cette pieuse préparation ne suffisoit pas; aussi dès qu'elle fut achevée, le Duc ne s'occupa plus que de son ordonnance de Bataille. Son armée fut divisée en trois corps. Le premier qui servoit d'aîle droite contenoit les Bretons, Angevins, Percherons, & Manceaux. L'aîle gauche étoit composée des Allemands, Poitevins, & Gascons. Les Normands formoient le centre. Une troupe nombreuse de leurs Archers occupoit la pointe des trois corps. Je ne puis m'empêcher de relever ici une erreur où sont tombés quantité d'Historiens, sans en excepter l'Abbé *Prévôt*. Ils avancent que *Géoffroy Martel* commandoit une division, sans faire attention que ce Comte d'Anjou étoit mort depuis plus de quatre années.

Le Roi d'Angleterre rangea son armée sur deux lignes, fortes chacune de quarante mille hommes. La disposition du terrein ne permettant point à sa Cavalerie d'agir, il lui fit mettre pied à terre, éxemple qui fut suivi en partie de *Guillaume*.

## BATAILLE D'HASTING.

*Harald* se disposoit à marcher lorsqu'il vit paroître la tête de l'armée Françoise (52) qui venoit attaquer son camp. Fâché de s'être laissé prévenir, il ne songea plus qu'à réparer cette faute par une bonne défense. Les Archers Normands firent d'abord une décharge de leurs fléches qui mit du désordre parmi ses troupes. Mais les ayant bientôt ranimées par ses paroles, & son éxemple, il vint à bout de faire plier l'armée du Duc. Un coup de fléche qu'il reçut dans ce moment sous l'œil ne l'empêcha pas de donner ses ordres avec une constante activité, & de continuer de se mêler lui-même aux combattans.

L'armée de *Guillaume* commençant à se débander, ce Prince furieux & déses-

---

(52) *Je dirai désormais dans ce chapitre indistinctement, Françoise ou Normande.*

péré, se jette au milieu des fuyards en leur criant à perte de voix de le suivre. Son frere *Odon* de Bayeux en faisoit autant de son côté. Leur soin rétablit le bon ordre.

Le Duc fit avancer des troupes fraîches pour soutenir l'impétuosité des Anglois. Ceux-ci ne tardèrent pas à être repoussés dans leur camp, dont ils avoient commencé à sortir afin de poursuivre leur premier avantage. Ainsi leurs retranchemens furent attaqués une seconde fois, mais ils les défendirent avec tant de valeur & de succès, que le Duc reconnoissant l'impossibilité qu'il y auroit de les emporter de vive force, eut recours au stratagême.

Il envoya ordre à ses Généraux d'arrêter leurs troupes, de se battre en retraite, & d'affecter même, dans quelques endroits de se débander. Cette manœuvre délicate eut un prodigieux succès. Les Anglois croyant la victoire assurée pour eux, sortirent de leurs retranchemens & se laissèrent aller dans la plaine à la poursuite des François. Ceux-ci tournérent tout-à-coup le visage & fondirent sur l'Ennemi avec une fureur étonnante. Quelques escadrons de Gendarmerie que le Duc avoit eu la précaution de laisser à cheval, envelopérent une partie des Anglois & augmentérent leur désordre. Leur fermeté le répara en peu de tems. Les François furent repoussés à différentes reprises. *Harald* & le Duc eurent plusieurs chevaux tués sous eux dans ces chocs sanglans.

Il y avoit déja huit heures que le combat duroit avec une extrême fureur sans qu'aucun parti pût se flatter encore d'aucun avantage décidé, lorsqu'une foule de Noblesse Normande, commandée par *Montgommery*, *Mallet* & *Toustain*, Grand-Enseigne de Normandie, s'ouvre un passage dans le corps commandé particuliérement par *Harald*. L'intrépidité de ce Monarque (53) & la

---

(53) On peut remarquer que je n'ai jamais traité Harald d'usurpateur. J'aurois cru manquer à la

bonne contenance des Chevaliers qui l'entouroient arrêtérent long-tems l'effort des Normands.

Enfin la mort du Roi & du Comte d'York son frere, qui fut tué par un Gentilhomme nommé *Robert*, ébranla tellement les Anglois, que *Touſtain* pénétra jusqu'à l'endroit du camp où l'on avoit arboré l'étendart d'Angleterre, l'arracha & mit en ſa place la banniére que le Pape avoit envoyée au Duc de Normandie. Alors les Normands acharnés à pourſuivre leur ſuccès, ne ceſſérent pendant trois heures de faire un carnage effroyable des Anglois. Le champ fut jonché de ſoixante-dix mille cadavres, dont il n'y en avoit pas plus de douze mille du côté des François.

14 octobre 1066.

Cette ſanglante journée fut beaucoup plus fatale à l'Angleterre, que ne le fut jadis celle de Cannes à l'ancienne Rome, parce que le vainqueur d'Haſting ſçut

---

décence en blaſonnant de ce nom un Roi qui avoit pour lui les ſuffrages de ſon peuple.

profiter de sa victoire. Il précipita sa marche vers Londres, qui lui ouvrit ses portes malgré la faction qui vouloit placer sur le Trône le Prince *Edgard* dont nous allons discuter les droits.

*Les défectuosités de cet Ouvrage choqueront peut-être le Lecteur, mais le jugement du public sur cette première Partie déterminera, je crois, M. T\*\*\* d refaire ce qu'il a jetté aux flammes ou à l'oublier totalement.* Editeur.

FIN.

# ERRATA.

*L'Editeur ne s'étant point trouvé à portée de revoir les Epreuves à tems, il s'est glissé dans l'impression de cet ouvrage plusieurs fautes. Nous donnons ici les corrections les plus importantes, & nous prions le Lecteur d'y avoir égard.*

## DISCOURS PRELIMINAIRE.

Page 8, ligne 22. Fontenoy, *lisez* Fontenay.
Page 11, *note* E. nalfita, *lisez* melfita.
Page 13, *note* F. Erce, *lisez* Eric.
Page 14, *note* G. pour marquer l'intérêt, *lisez* à l'intérêt, *effacez* pour marquer.
Page 18, *note* K. Bretons & Anglois-Saxons, *lisez au singulier* Breton & Anglo-Saxon.
Page 20, ligne 16. arrivèrent, *lisez* accourut.
Page 22, ligne 24. sources, *lisez* suites.
Page 24, ligne 16. Evran, *lisez* Evrard.

## HISTOIRE.

Page 14, ligne 11. désespérés, *lisez au féminin* désespérées.
Page 39, ligne 10. d'état, *lisez* d'états.
Page 42, ligne 11. aux Danois, *lisez* au Dunois.
Page 44, *au titre du chap.* XI. sans-eur, *lisez* sans-peur.
Page 52, ligne 10. période, *lisez* révolution.
Page 82, ligne 21. Wainalhio, *lisez* Wainachio.
Page 92, *au sommaire du Chap.* XXIX. 1640, *lisez* 1040.
Page 114, *note* 30. Lkrimach, *lisez* Ikrimach. *même note*, hourd, *lisez* houris.
Page 126, ligne 2. prets, *lisez* prêt.
Page 144, ligne 21. le miner, *lisez* la miner.
Page 147, ligne 2. que les, *lisez* que par les.

*Page* 148, *les chiffres de la note* 39 *doivent être raportés à la huitième ligne.*
*Page* 158, *ligne* 15. de purger, *lisez* de la purger.
*Page* 163, *note* 44. une marque de patriotisme, *lisez* un manque de patriotisme.
*Page* 172, *ligne* 13. pour, *lisez* point.
*Ibid*, *ligne* 16. par l'autre, *lisez* pour l'autre.

www.ingramcontent.com/pod-product-compliance
Lightning Source LLC
Chambersburg PA
CBHW062233180426
43200CB00035B/1696